PONS

PRAXIS-SPRACHFÜHRER
POLNISCH

AF099731

PONS GmbH
Stuttgart

PONS Praxis-Sprachführer
POLNISCH

Entwickelt auf der Basis des
PONS Reise-Sprachführers Polnisch ISBN 978-3-12-518154-0

Warenzeichen, Marken und gewerbliche Schutzrechte
Wörter, die unseres Wissens eingetragene Warenzeichen oder Marken oder sonstige gewerbliche Schutzrechte darstellen, sind als solche – soweit bekannt – gekennzeichnet. Die jeweiligen Berechtigten sind und bleiben Eigentümer dieser Rechte. Es ist jedoch zu beachten, dass weder das Vorhandensein noch das Fehlen derartiger Kennzeichnungen die Rechtslage hinsichtlich dieser gewerblichen Schutzrechte berührt.

1. Auflage 2016 (1,02 – 2017)
© PONS GmbH, Stuttgart 2016
Alle Rechte vorbehalten

www.pons.de
E-Mail: info@pons.de

Projektleitung: Gabriela Neumann
Umschlaggestaltung: Anne Helbich
Umschlagfoto: shutterstock/Joymsk140
Logoentwurf: Erwin Poell, Heidelberg
Satz: Lumina Datamatics Ltd.
Logoüberarbeitung: Sabine Redlin, Ludwigsburg

Printed in China by Colorprint

ISBN 978-3-12-518005-5

Liebe Leserin, lieber Leser,

Sie reisen nach Polen und suchen die passende Sprachbegleitung? Mit dem Praxis-Sprachführer von PONS haben Sie immer die wichtigsten Sätze und Worte besonders schnell zur Hand.

Ob Sie mal eben nach dem Weg fragen oder eine Übernachtung buchen möchten: In **sechs thematischen Kapiteln** finden Sie den passenden vorformulierten Satz für jede Situation. Und wenn es schnell gehen muss, schlagen Sie einfach im **Polnisch-Deutschen, Deutsch-Polnischen** Wörterbuch nach, der den wichtigsten Wortschatz von A wie *Abendessen* bis Z wie *Zwischenlandung* für Sie enthält.

Alle Themen sind für Sie mit dem innovativen **Farbleitsystem** gekennzeichnet und dadurch ohne langes Blättern ganz einfach zu finden. Die **praktische Ringbindung** unterstützt Sie dabei ganz besonders in der Handhabung dieses Sprachführers: Einmal im Restaurant z.B. die Speisekarte aufgeschlagen, können Sie den Sprachführer bequem wieder in die Tasche stecken und bei Bedarf erneut herausziehen und haben immer die Speisekarte parat, ohne erneutes langes Blättern.

Ganz gleich ob Sie einen Kurztrip oder eine längere Reise planen: Der Praxis-Sprachführer von PONS bietet Ihnen alles was Sie brauchen, um sich unterwegs schnell, bequem und sicher zu verständigen.

Eine schöne Reise wünscht Ihnen

Ihre

PONS Redaktion

INHALT

Das polnische Alphabet 7
Abkürzungen im Praxis-Sprachführer 8

DIE BASICS 9

Das Allernotwendigste 10
Begrüßen und Verabschieden 11
Höflichkeit 13
Wer? Wie? Was? 14
Zeitangaben 15
Zahlen 17

UNTERWEGS 21

Einreisen 22
Nach dem Weg fragen 23
Unterwegs mit dem Auto 25
Mit dem Flugzeug 35
Auf Schienen 38
Auf dem Wasser 41
Mit Bus und Bahn 43
Mit dem Taxi 45
Sehenswürdigkeiten und Museen 46
Ausflugsziele - Zeigebilder 52

ESSEN UND TRINKEN 53

Essen gehen	54
Im Restaurant	56
Bestellen	56
Sich beschweren	59
Bezahlen	60
Café	60
Speisekarte	64
Getränkekarte	70
Fisch und Meeresfrüchte	71
Frühstück	72
Gemüse	73
Obst	74

EINKAUFEN 75

Einkaufstour	76
Geschäfte	77
Lebensmittel kaufen	79
Bücher, Zeitschriften und Schreibwaren	86
Drogerieartikel	87
Elektroartikel/Computer	88
Fotoartikel	89
Haushaltsartikel	90
Etwas zum Anziehen	91
Beim Optiker	95
Souvenirs kaufen	96
Im Tabakladen	96
Uhren und Schmuck	97
Einkaufen - Zeigebilder	98

ÜBERNACHTEN 99

Hotel, Pension oder Privatzimmer	100
Ferienhäuser und Ferienwohnungen	108
Camping	110

IM NOTFALL 113

In der Apotheke	114
Beim Arzt	115
Im Krankenhaus	120
Beim Zahnarzt	126
Bankgeschäfte tätigen	127
Fundbüro	129
Im Internetcafé	129
Bei der Polizei	131
Auf der Post	133
Telefonieren	134
Mit dem Handy	136
Toilette und Bad	137
Im Notfall - Zeigebilder	138

WÖRTERBUCH 139

Polnisch – Deutsch	140
Deutsch – Polnisch	167

DAS POLNISCHE ALPHABET

KÖNNEN SIE MIR DAS BUCHSTABIEREN?

In manchen Situationen, z. B. am Telefon, hilft meist nur das Buchstabieren. Damit es dabei zu keinen Missverständnissen kommt, anbei für Sie das Alphabet mit der richtigen Aussprache.

A	a	[a]	Ń	ń	[ɛɲ]
Ą	ą	[ɔ̃]	O	o	[ɔ]
B	b	[bɛ]	Ó	ó	[u]
C	c	[tsɛ]	P	p	[pɛ]
Ć	ć	[tɕɛ]	Q	q	[ku]
D	d	[dɛ]	R	r	[ɛr]
E	e	[ɛ]	S	s	[ɛs]
Ę	ę	[ɛ̃]	Ś	ś	[ɛɕ]
F	f	[ɛf]	T	t	[tɛ]
G	g	[gɛ]	U	u	[u]
H	h	[xa]	V	v	[faw]
I	i	[i]	W	w	[vu]
J	j	[jɔt]	X	x	[iks]
K	k	[ka]	Y	y	[igrɛk, i]
L	l	[ɛl]	Z	z	[zet]
Ł	ł	[ɛw]	Ź	ź	[ʑ]
M	m	[ɛm]	Ż	ż	[ʒ]
N	n	[ɛn]			

ABKÜRZUNGEN IM PRAXIS-SPRACHFÜHRER

Mit dieser Liste finden Sie sich im PONS Praxis-Sprachführer Polnisch schnell zurecht.

„WAS BEDEUTET …?"

acc	Akkusativ (biernik)
adj	Adjektiv (przymiotnik)
adv	Adverb (przyimek)
dat	Dativ (celownik)
f	Femininum, weiblich (rodzaj żeński)
fam	umgangssprachlich, familiär (potocznie)
gen	Genitiv (dopełniacz)
instr	Instrumentalis (narzędnik)
jdm	jemandem (komuś)
jdn	jemanden (kogoś)
lok	Lokativ (miejscownik)
m	Maskulinum, männlich (rodzaj męski)
mp	männlichpersonal (męskoosobowy)
n	Neutrum, sächlich (rodzaj nijaki)
nmp	nichtmännlichpersonal (niemęskoosobowy)
nom	Nominativ (mianownik)
pl	Plural (liczba mnoga)
sg	Singular, Einzahl (liczba pojedyncza)
vok	Vokativ (wołacz)

DIE BASICS

Das Allernotwendigste	10
Begrüßen und Verabschieden	11
Höflichkeit	13
Wer? Wie? Was?	14
Zeitangaben	15
Zahlen	17

Für den leichten Einstieg: Hier finden Sie die nützlichsten Wörter und Ausdrücke auf einen Blick.

Das Allernotwendigste

Ja.
Tak. [tak]

Nein.
Nie. [ɲɛ]

Bitte.
Proszę. [prɔʃɛ̃]

Danke!
Dziękuję. [dʑɛŋkujɛ̃]

Bitte!/Gern geschehen!
Proszę./Z przyjemnością.
[prɔʃɛ̃/s‿pʃijemnɔɕtsɔ̃]

Nichts zu danken!
Nie ma za co.
[ɲɛ ma za tsɔ]

Wie bitte?
Słucham? [swuxam]

Selbstverständlich!
Oczywiście! [ɔtʃiviɕtɕɛ]

Einverstanden!
Zgoda! [zgɔda]

Okay!
Okay! [ɔkɛj]

In Ordnung!
W porządku. [f‿pɔʒɔntku]

*Entschuldigung!/
Verzeihung!*
Przepraszam.
[pʃɛpraʃam]

WIE GEHT'S?

Zur offiziellen Begrüßung sagt man tagsüber **dzień dobry** (*Guten Morgen, Guten Tag*) und abends **dobry wieczór** (*Guten Abend*). Freunde und gute Bekannte grüßen sich mit **cześć!** (*Hallo!*) und zum Abschied mit **cześć!** (*Tschüss!*). Offiziell verabschiedet man sich mit **do widzenia** (*Auf Wiedersehen*) und **dobranoc** (*Gute Nacht*).

Eine gebräuchliche Begrüßung ist **co słychać?** (*Wie geht's?*)

Denken Sie daran, dass das polnische **cześć** sowohl *tschüss* als auch *hallo* bedeutet.

DIE BASICS

Das reicht jetzt!
Dosyć tego!
[dɔsitɕ tɛgɔ]

Hilfe!
Ratunku!
[ratunku]

Ich hätte gern …
Chciałbym/chciałabym…
[xtɕawbim/xtɕawabim]

Gibt es …?
Czy jest/są…?
[tʃi jɛst/ sɔ̃]

Begrüßen und Verabschieden

BEGRÜSSEN

Guten Morgen!
Dzień dobry!
[dʑɛɲ dɔbri]

Guten Tag!
Dzień dobry!
[dʑɛɲ dɔbri]

Guten Abend!
Dobry wieczór!
[dɔbri vjɛtʃur]

Hallo!/Grüß dich!
Cześć!/Witam!
[tʃɛɕtɕ/vˌitam]

Wie geht es Ihnen?
Co słychać u pana/pani/państwa?
[tsɔ swixatɕ u pana/paɲi/paɲstfa]

Wie geht's?
Co słychać?
[tsɔ swixatɕ]

Danke. Und Ihnen/dir?
Dziękuję. A u pana/pani/ciebie?
[dʑɛ̃kujɛ̃. a u pana/paɲi/tɕɛbjɛ]

SICH VORSTELLEN

Wie ist Ihr Name, bitte?
Przepraszam, jak się pan/pani nazywa?
[pʃɛpraʃam, jak ɕɛ̃ pan/paɲi naziva]

Wie heißt du?
Jak się nazywasz?
[jak ɕɛ̃ nazivaʃ]

Darf ich bekannt machen?
Wolno mi przedstawić?
[vɔlnɔ mˌi pʃɛtstavˌitɕ]

Ich heiße ...
Nazywam się...
[nazivam ɕɛ̃]

Das ist ...
To jest...
[tɔ jɛst]

- *Frau X.*
  pani X. [paɲi]
- *Herr X.*
  pan X. [pan]
- *mein Mann./meine Frau.*
  mój mąż./moja żona.
  [muj mɔ̃ʃ/mɔja ʒɔna]
- *mein Partner./meine Partnerin.*
  mój partner./moja partnerka.
  [muj partnɛr/mɔja partnɛrka]
- *mein Sohn./meine Tochter.*
  mój syn./moja córka.
  [muj sɨn/mɔja tsurka]
- *mein Freund./meine Freundin.*
  mój chłopak./moja dziewczyna.
  [muj xwɔpak/mɔja dʑɛftʃina]

VERABSCHIEDEN

Auf Wiedersehen!
Do widzenia!
[dɔ vˌidzɛɲa]

Bis bald!
Do rychłego zobaczenia!
[dɔ rixwɛgɔ zɔbatʃɛɲa]

ANREDEFORMEN

DIE BASICS

Kennt man sich nicht näher, benutzt man **proszę pana** (*Herr*), **proszę pani** (*Frau*), ohne den Nachnamen zu gebrauchen. Die Anrede mit Nachnamen, etwa **panie Jakubowski** (*Herr Jakubowski*), **pani Jakubowska** (*Frau Jakubowski*), ist sehr offiziell und kann unter Umständen als unangenehm empfunden werden.

Wenn man sich zwar kennt, aber nicht duzt, wird gern die offizielle Form mit dem Vornamen benutzt: **panie Tomku** (*Herr*), **pani Marto** (*Frau*).

Bis später!
Do zobaczenia wkrótce!
[dɔ zɔbatʃɛɲa fkruttsɛ]

Bis morgen!
Do jutra!
[dɔ jutra]

Mach's gut!
Powodzenia!
[pɔvɔdʑɛɲa]

Gute Nacht!
Dobranoc!
[dɔbranɔts]

Tschüss!
Cześć!
[tʃɛɕtɕ]

Gute Reise!
Szczęśliwej podróży!
[ʃtʃɛ̃ɕˌlivɛj pɔdruʒi]

Es war schön, Sie/dich kennen zu lernen.
Miło było pana/panią/cię poznać.
[mˌiwɔ biwɔ pana/paɲɔ/tɕɛ pɔznatɕ]

Höflichkeit

BITTE

Bitte.
Proszę. [prɔʃɛ̃]

Ja, bitte.
Tak, proszę. [tak, prɔʃɛ̃]

Nein, danke!
Nie, dziękuję.
[ɲɛ, dʑɛ̃kujɛ̃]

Entschuldigen Sie bitte die Störung.
Przepraszam, że przeszkadzam.
[pʃεpraʃam, ʒε pʃεʃkadʑam]

Können Sie mir bitte helfen?
Czy może mi pan/pani pomóc?
[tʃi mɔʒε mˌi pan/paɲi pɔmuts]

Darf/Dürfte ich Sie um einen Gefallen bitten?
Czy mogę prosić pana/panią o przysługę?
[tʃi mɔgẽ prɔɕitɕ pana/paɲɔ̃ ɔ pʃiswugẽ]

ENTSCHULDIGUNG

Entschuldigung!
Przepraszam! [pʃεpraʃam]

Das tut mir sehr leid!
Bardzo mi przykro.
[bardzɔ mˌi pʃikrɔ]

Das ist leider nicht möglich.
To jest niestety niemożliwe.
[tɔ jεst nεstεti ɲεmɔʒlˌivε]

Wer? Wie? Was?

Wer?
Kto?
[ktɔ]

Was?
Co?
[tsɔ]

Welcher?/Welche?/ Welches?
Który/Która/Które?
[kturɨ/ktura/kturε]

Wem?
Komu?
[kɔmu]

Wen?
Kogo?
[kɔgɔ]

Wo?
Gdzie?
[gdʑε]

Warum?/Weshalb?
Dlaczego?
[dlatʃεgɔ]

Wie?
Jak? [jak]

Wann?
Kiedy? [cεdɨ]

Zeitangaben

DIE BASICS

UHRZEIT UND TAGESZEITEN

Wie viel Uhr ist es bitte?
Która jest godzina? [ktura jɛst gɔdʑina]

Es ist (genau/ungefähr) ...
Jest (dokładnie/około)... [jɛst (dɔkwadɲɛ/ɔkɔwɔ)]

– 3 Uhr.
  trzecia. [tʃɛtɕa]
– Viertel nach 3.
  kwadrans po trzeciej. [kfadrans pɔ tʃɛtɕɛj]
– halb 4.
  wpół do czwartej. [fpuw dɔ tʃfartɛj]
– Viertel vor 4.
  za kwadrans czwarta. [za kfadrans tʃfarta]
– 5 vor 4.
  za pięć czwarta. [za pjɛɲtɕ tʃfarta]
– 12 Uhr Mittag.
  dwunasta w południe. [dvunasta f pɔwudɲɛ]
– Mitternacht.
  północ. [puwnɔts]

Um wie viel Uhr?/Wann?
O której godzinie?/Kiedy? [ɔ kturɛj gɔdʑiɲɛ/cɛdɨ]

Um 1 Uhr.
O pierwszej. [ɔ pjɛrfʃɛj]

Um 2 Uhr.
O drugiej. [ɔ drugʲɛj]

In zwei Stunden.
Za dwie godziny. [za dvjɛ gɔdʑinɨ]

Nach 8 Uhr abends.
Po ósmej wieczorem. [pɔ usmɛj vjɛtʃɔrɛm]

Wie lange?
Jak długo? [jak dwugɔ]

Zwei Stunden (lang).
Dwie godziny. [dvjɛ gɔdʑini]

Von 10 bis 11.
Od dziesiątej do jedenastej. [ɔd dʑɛɕɔntɛj dɔ jɛdɛnastɛj]

Bis 5 Uhr.
Do piątej. [dɔ pjɔntɛj]

Seit wann?
Od kiedy? [ɔt cɛdi]

Seit 8 Uhr morgens.
Od ósmej rano. [ɔd usmɛj ranɔ]

Seit einer halben Stunde.
Od pół godziny. [ɔt puw gɔdʑini]

Seit acht Tagen.
Od ośmiu dni. [ɔt ɔɕmju dɲi]

abends	wieczorem [vjɛtʃɔrɛm]
am Sonntag	w niedzielę [v‿ɲɛdʑɛlɛ̃]
am Wochenende	w weekend [v‿wikɛnd]
diese Woche	w tym tygodniu [f‿tim tigɔdɲu]
früh	wcześnie [ftʃɛɕɲɛ]
gegen Mittag	około południa [ɔkɔwɔ pɔwudɲa]
gestern	wczoraj [ftʃɔraj]
heute	dzisiaj [dʑiɕaj]
heute Morgen/	
heute Abend	dzisiaj rano/dzisiaj wieczorem [dʑiɕaj ranɔ/dʑiɕaj vjɛtʃɔrɛm]
in einer Woche	za tydzień [za tidʑɛɲ]
jeden Tag	każdego dnia [kaʒdɛgɔ dɲa]
jetzt	teraz [tɛras]
kürzlich	niedawno [ɲɛdavnɔ]
manchmal	czasem [tʃasɛm]
morgen	jutro [jutrɔ]
morgen früh/	
morgen Abend	jutro rano/wieczorem [jutrɔ ranɔ/vjɛtʃɔrɛm]

nachmittags	po południu [pɔ pɔwudɲu]
nächstes Jahr	w przyszłym roku [f‿pʃiʃwim rɔku]
nachts	nocą [nɔtsɔ̃]
spät	późno [puʑnɔ]
später	później [puʑɲɛj]
täglich	codziennie [tsɔdʑɛɲɲɛ]
tagsüber	w ciągu dnia [f‿tɕɔŋgu dɲa]
übermorgen	pojutrze [pɔjutʃɛ]
vorgestern	przedwczoraj [pʃɛtftʃɔraj]
vormittags	przed południem [pʃɛt pɔwudɲɛm]

DIE BASICS

Zahlen

0
zero
[zɛrɔ]

1
jeden
[jɛdɛn]

2
dwa
[dva]

3
trzy
[tʃi]

4
cztery
[tʃtɛri]

5
pięć
[pjɛɲtɕ]

6
sześć
[ʃɛɕtɕ]

7
siedem
[ɕɛdɛm]

8
osiem
[ɔɕɛm]

9
dziewięć
[dʑɛvjɛɲtɕ]

10
dziesięć
[dʑɛɕɛɲtɕ]

11
jedenaście
[jɛdɛnaɕtɕɛ]

12
dwanaście
[dvanaɕtɕe]

13
trzynaście
[tʃinaɕtɕe]

14
czternaście
[tʃternaɕtɕe]

15
piętnaście
[pjetnaɕtɕe]

16
szesnaście
[ʃesnaɕtɕe]

17
siedemnaście
[ɕedemnaɕtɕe]

18
osiemnaście
[ɔɕemnaɕtɕe]

19
dziewiętnaście
[dʑevjetnaɕtɕe]

20
dwadzieścia
[dvadʑeɕtɕa]

21
dwadzieścia jeden
[dvadʑeɕtɕa jeden]

22
dwadzieścia dwa
[dvadʑeɕtɕa dva]

23
dwadzieścia trzy
[dvadʑeɕtɕa tʃi]

24
dwadzieścia cztery
[dvadʑeɕtɕa tʃteri]

25
dwadzieścia pięć
[dvadʑeɕtɕa pjentɕ]

26
dwadzieścia sześć
[dvadʑeɕtɕa ʃeɕtɕ]

27
dwadzieścia siedem
[dvadʑeɕtɕa ɕedem]

28
dwadzieścia osiem
[dvadʑeɕtɕa ɔɕem]

29
dwadzieścia dziewięć
[dvadʑeɕtɕa dʑevjentɕ]

30
trzydzieści
[tʃidʑeɕtɕi]

31
trzydzieści jeden
[tʃidʑeɕtɕi jeden]

32
trzydzieści dwa
[tʃidʑeɕtɕi dva]

40
czterdzieści
[tʃterdʑeɕtɕi]

50
pięćdziesiąt
[pjɛɲdʑɛɕɔnt]

60
sześćdziesiąt
[ʂɛɕdʑɛɕɔnt]

70
siedemdziesiąt
[ɕɛdɛmdʑɛɕɔnt]

80
osiemdziesiąt
[ɔɕɛmdʑɛɕɔnt]

90
dziewięćdziesiąt
[dʑɛvjɛɲdʑɛɕɔnt]

100
sto
[stɔ]

101
sto jeden
[stɔ jɛdɛn]

200
dwieście
[dvjɛɕtɕɛ]

300
trzysta
[tʃista]

1000
tysiąc
[tiɕɔnts]

2000
dwa tysiące
[dva tiɕɔntsɛ]

10 000
dziesięć tysięcy
[dʑɛɕɛɲtɕ tiɕɛntsi]

100 000
sto tysięcy
[stɔ tiɕɛntsi]

1 000 000
milion
[miljɔn]

1.
pierwszy
[pjɛrfʃi]

2.
drugi
[druɟi]

3.
trzeci
[tʃɛtɕi]

4.
czwarty
[tʃvarti]

5.
piąty
[pjɔnti]

6.
szósty
[ʃusti]

7.
siódmy
[ɕudmi]

8.
ósmy [usmi]

9.
dziewiąty
[dʑɛvjɔnti]

10.
dziesiąty
[dʑɛɕɔnti]

1/2
jedna druga
[jɛdna druga]

1/3
jedna trzecia
[jɛdna tʃɛtɕa]

1/4
jedna czwarta
[jɛdna tʃvarta]

3/4
trzy czwarte
[tʃi tʃvartɛ]

3,5 %
trzy i pół procenta
[tʃi i puw prɔtsɛnta]

27° C
dwadzieścia siedem stopni Celsjusza [dvadʑɛɕtɕa ɕɛdɛm stɔpɲi tsɛlsjuʃa]

−5° C
minus pięć stopni Celsjusza
[minus pjɛɲtɕ stɔpɲi tsɛlsjuʃa]

2016
dwa tysiące szesnaście
[dva tiɕɔntsɛ ʃɛsnaɕtɕɛ]

2017
dwa tysiące siedemnaście
[dva tiɕɔntsɛ ɕɛdɛmnaɕtɕɛ]

Millimeter
milimetr
[miliimɛtr]

Zentimeter
centymetr [tsɛntimɛtr]

Meter
metr [mɛtr]

Kilometer
kilometr [cilɔmɛtr]

Quadratmeter
metr kwadratowy
[mɛtr kvadratɔvi]

Liter
litr [litr]

Gramm
gram [gram]

Pfund
funt
[funt]

Kilogramm
kilogram
[cilɔgram]

UNTERWEGS

Einreisen	22
Nach dem Weg fragen	23
Unterwegs mit dem Auto	25
Mit dem Flugzeug	35
Auf Schienen	38
Auf dem Wasser	41
Mit Bus und Bahn	43
Mit dem Taxi	45
Sehenswürdigkeiten und Museen	46
Ausflugsziele - Zeigebilder	52

Einreisen

Ihren Pass/Personalausweis, bitte!
Proszę pana/pani paszport/dowód osobisty!
[prɔʃẽ pana/paɲi paʃpɔrt/dɔvut ɔsɔbˌisti]

Haben Sie etwas zu verzollen?
Czy ma pan/pani coś do oclenia?
[tʃɨ ma pan/paɲi tsɔç dɔ ɔtslɛɲa]

Muss ich das verzollen?
Czy muszę to oclić? [tʃɨ muʃẽ tɔ ɔtslˌitɕ]

PERSONALIEN

Familienname	nazwisko [nazvˌiskɔ]
Familienstand	stan cywilny [stan tsɨvˌilni]
– ledig	stan wolny [stan vɔlni]
– verheiratet	żonaty/zamężna [ʒɔnati/zamẽʒna]
– verwitwet	wdowiec/wdowa [vdɔvˌɛts/vdɔva]
Geburtsdatum	data urodzenia [data urɔdzɛɲa]
Geburtsname	nazwisko panieńskie [nazvˌiskɔ paɲɛɲscɛ]
Geburtsort	miejsce urodzenia [mˌɛjstsɛ urɔdzɛɲa]
Personalien	dane osobowe [danɛ ɔsɔbɔvɛ]
Staatsangehörigkeit	obywatelstwo [ɔbɨvatɛlstvɔ]
Vorname	imię [imˌjẽ]
Wohnort	miejsce zamieszkania [mˌɛjstsɛ zamˌɛʃkaɲa]

AN DER GRENZE

Ausreise	wyjazd [vijast]
Einreise	wjazd [vjast]
EU-Bürger	obywatel Unii Europejskiej [ɔbɨvatɛl uɲi ɛwrɔpɛjscɛj]
Führerschein	prawo jazdy [pravɔ jazdɨ]
Grenze	granica [graɲitsa]

Grenzübergang	przejście graniczne [pʃejɕtɕɛ graɲitʃnɛ]
gültig	ważny [vaʒnɨ]
Nummernschild	tablica rejestracyjna [tabl̪itsa rɛjɛstratsɨjna]
Passkontrolle	kontrola paszportowa [kɔntrɔla paʃpɔrtɔva]
Personalausweis	dowód osobisty [dɔvut ɔsɔb̪istɨ]
Reisepass	paszport [paʃpɔrt]
grüne Versicherungskarte	zielona karta [ʑɛlɔna karta]
Visum	wiza [v̪iza]
Zoll	cło [tswɔ]
zollfrei	bez cła [bɛs tswa]
Zollgebühren	opłata celna [ɔpwata tsɛlna]
zollpflichtig	podlegający ocleniu [pɔdlɛgajɔ̃tsɨ ɔtslɛɲu]

Nach dem Weg fragen

ORTSANGABEN

links	na lewo [na lɛvɔ]
rechts	na prawo [na pravɔ]
geradeaus	prosto [prɔstɔ]
vor	przed [pʃɛt]
hinter	za [za]
neben	obok [ɔbɔk]
gegenüber	naprzeciwko [napʃɛtɕifkɔ]
hier	tutaj [tutaj]
dort	tam [tam]
nah	blisko [bl̪iskɔ]
weit	daleko [dalɛkɔ]
nach	do *(in Richtung)* [dɔ]; na *(Reihenfolge)* [na]; za [za]
Ampel	światła *(pl)* [ɕv̪jatwa]

Straße	ulica [ulˌitsa]; droga [drɔga]
Kreuzung	skrzyżowanie [skʃiʒɔvaɲɛ]
Kurve	zakręt [zakrɛnt]

WO GEHT ES LANG?

Entschuldigen Sie bitte, wie komme ich nach …?
Przepraszam, jak dojdę do…? [pʃɛpraʃam, jak dɔjdẽ dɔ]

Immer geradeaus bis …
Cały czas prosto, aż do… [tsawi tʃas prɔstɔ, aʃ dɔ]

Bitte, ist das die Straße nach …?
Przepraszam, czy to droga do…?
[pʃɛpraʃam, tʃi tɔ drɔga dɔ]

Bitte, wo ist …?
Przepraszam, gdzie jest…? [pʃɛpraʃam, gdʑɛ jɛst]

Tut mir leid, das weiß ich nicht.
Przykro mi, nie wiem. [pʃikrɔ mˌi, ɲɛ vjɛm]

Ich bin nicht von hier.
Nie jestem stąd. [ɲɛ jɛstɛm stɔnt]

Gehen Sie geradeaus/nach links/nach rechts.
Niech pan/pani idzie prosto/na lewo/na prawo.
[ɲɛx pan/paɲi idʑɛ prɔstɔ/na lɛvɔ/na pravɔ]

Erste/zweite Straße links/rechts.
Pierwsza/druga ulica na lewo/na prawo.
[pˌɛrfʃa/druga ulˌitsa na lɛvɔ/na pravɔ]

Überqueren Sie …
Niech pan/pani przejdzie… [ɲɛx pan/paɲi pʃɛjdʑɛ]

– *die Brücke.*
  przez most. [pʃɛs mɔst]
– *den Platz.*
  przez plac. [pʃɛs plats]
– *die Straße.*
  na drugą stronę ulicy. [na drugɔ̃ strɔnẽ ulˌitsi]

Unterwegs mit dem Auto

A BIS Z FÜR FAHRER

Auf-/Abfahrt	dojazd/zjazd [dɔjast/zjast]
Ausfahrt	wyjazd [vijast]
Autobahn	autostrada [awtɔstrada]
Autobahngebühr	opłata za autostradę [ɔpwata za awtɔstradɛ̃]
Einfahrt	wjazd [vjast]
Hauptstraße	główna ulica [gwuvna ulˌitsa]
Landstraße	droga [drɔga]; szosa [ʃɔsa]
Maut	opłata drogowa [ɔpwata drɔgɔva]
Nebenstraße	droga boczna [drɔga bɔtʃna]
Radarkontrolle	kontrola radarowa [kɔntrɔla radarɔva]
Rastplatz	parking [parciŋ]
Raststätte	zajazd [zajast]
Schnellstraße	trasa szybkiego ruchu [trasa ʃipcɛgɔ ruxu]
Stau	korek [kɔrɛk]
trampen	podróżować autostopem [pɔdruʒɔvatɕ awtɔstɔpɛm]
Tramper	autostopowicz [awtɔstɔpɔvˌitʃ]
Wegweiser	drogowskaz [drɔgɔfskas]

AN DER TANKSTELLE/RASTSTÄTTE

Wo ist bitte die nächste Tankstelle?
Przepraszam, gdzie jest najbliższa stacja benzynowa?
[pʃɛpraʃam, gdʑɛ jɛst najblˌiʃʃa statsja bɛnzinɔva]

Gibt es hier eine Elektrotankstelle?
Czy jest tutaj stacja do ładowania pojazdów elektrycznych?
[tʃi jɛst tutaj statsja dɔ wadɔvaɲa pɔjastuf ɛlɛktritʃnix]

Ich möchte ... Liter...
Chciałbym/chciałabym... litrów...
[xtɕawbim/xtɕawabim… lˌitruf]

– *Benzin (bleifrei).*
 benzyny (bezołowiowej).
 [bɛnzini (bɛsɔwɔvˌiɔvej)]
– *Super.*
 super (95).
 [supɛr (dʑɛvjɛntɕdʑɛɕɔnt pjɛntɕ)]
– *Superplus.*
 superplus (98).
 [supɛrplus (dʑɛvjɛntɕdʑɛɕɔnt ɔɕɛm)]
– *Diesel.*
 ropy. [rɔpi]

Super bitte, für 200 Zloty.
Proszę benzynę super za dwieście złotych.
[prɔʃɛ̃ bɛnzinɛ̃ supɛr za dvjɛɕtɕɛ zwɔtix]

Voll tanken, bitte!
Proszę do pełna. [prɔʃɛ̃ dɔ pɛwna]

Ich hätte gern eine Straßenkarte dieser Gegend.
Poproszę mapę samochodową tej okolicy.
[pɔprɔʃɛ̃ mapɛ̃ samɔxɔdɔvɔ̃ tej ɔkɔlˌitsi]

Wo sind bitte die Toiletten?
Przepraszam, gdzie są toalety?
[pʃɛpraʃam, gdʑɛ sɔ̃ tɔalɛti]

VORSICHT GEBOTEN

Das Autobahnnetz ist nicht so engmaschig wie etwa in Deutschland, aber insgesamt sechs gut ausgebaute Autobahnen **autostrady** durchziehen das Land. Auf der A2 (Września/Konin) und der A4 (Katowice/Kraków) gibt es gebührenpflichtige Abschnitte.

Polen sind rasante Autofahrer – trotz teilweise schlechter Straßenverhältnisse. Deshalb sollten Sie lieber defensiv fahren und sich an die Vorschriften halten.

UNTERWEGS

Gibt es eine Behindertentoilette?
Czy jest toaleta dla niepełnosprawnych?
[tʃi jɛst tɔalɛta dla ɲepewnɔspravnix]

Gibt es hier einen Wickelraum?
Czy jest tu pomieszczenie do przewijania?
[tʃi jɛst tu pɔmjɛʃtʃɛɲe dɔ pʃev̩ijaɲa]

HINWEISE UND INFORMATIONEN

droga objazdowa	Umgehungsstraße
jechać prawą (lewą) stroną	Rechts (Links) fahren
jechać wolniej	Langsamer fahren
niebezpieczeństwo	Gefahr
niebezpieczeństwo poślizgu	Schleudergefahr
nie zastawiać wyjazdu	Ausfahrt frei halten
objazd	Umleitung
pomoc drogowa, nadzór drogowy	Pannenhilfe, Straßenwacht
samochód ciężarowy	Lastwagen
strefa krótkiego parkowania	Kurzparkzone
szpital	Krankenhaus
uszkodzona nawierzchnia	Schlechte Fahrbahn

27

uwaga	Vorsicht
wyjazd z autostrady	Autobahnausfahrt
wysokie napięcie	Hochspannung
zakaz parkowania	Parkverbot
zakaz wjazdu	Einfahrt verboten
zakaz zatrzymywania się	Halteverbot
żwir	Rollsplitt

PARKEN

Entschuldigen Sie bitte, gibt es hier in der Nähe eine Parkmöglichkeit?
Przepraszam, czy jest tu w pobliżu możliwość zaparkowania?
[pʂepraʂam, tʂi jest tu f‿pɔblʲiʐu mɔʐlʲivɔɕtɕ zaparkɔvaɲa]

Kann ich den Wagen hier abstellen?
Czy mogę tutaj zaparkować samochód?
[tʂi mɔgẽ tutaj zaparkɔvatɕ samɔxut]

Ist der Parkplatz bewacht?
Czy ten parking jest strzeżony?
[tʂi tɛn parciŋg jest stʂeʐɔɲi]

Wie hoch ist die Parkgebühr pro Stunde?
Ile kosztuje godzina parkowania?
[ilɛ kɔʂtuje gɔdʑina parkɔvaɲa]

EINE PANNE

Ich habe eine Panne.
Mam awarię. [mam avarjẽ]

Ich habe einen Platten.
Złapałem/-am gumę. [zwapawɛm/-am gumẽ]

Die Batterie ist leer.
Akumulator się wyładował. [akumulatɔr ɕẽ viwadɔvaw]

Können Sie mir Starthilfe geben?
Czy może mi pan/pani pomóc odpalić samochód?
[tʂi mɔʐɛ mi pan/paɲi pɔmuts ɔtpalʲitɕ samɔxut]

Gibt es hier in der Nähe eine Werkstatt?
Czy w pobliżu jest jakiś warsztat samochodowy?
[tʃi f‿pɔblʲiʒu jest jaciɕ varʃtat napraftʃi]

Wziąłby mnie pan/wzięłaby mnie pani do najbliższego warsztatu samochodowego? [vzʲɔwbi mɲe pan/vzɛwabi mɲe paɲi dɔ najblʲiʃʃegɔ varʃtatu samɔxɔdɔvegɔ]

Abschleppdienst	pomoc drogowa [pɔmɔts drɔgɔva]
abschleppen	odholować [ɔtxɔlɔvatɕ]
Abschleppseil	linka holownicza [lʲinka xɔlɔvɲitʃa]
Abschleppwagen	samochód holujący [samɔxut xɔlujɔ̃tsi]
Benzinpumpe	pompa benzynowa [pɔmpa bɛnzinɔva]
Blinklicht	kierunkowskaz [cɛrunkɔfskaz]
Benzinkanister	kanister na benzynę [kaɲister na bɛnzinɛ̃]
Ersatzrad	koło zapasowe [kɔwɔ zapasɔvɛ]
Flickzeug	łatki do opon [watci dɔ ɔpɔn]
Luftpumpe	pompka [pɔmpka]
Notrufsäule	telefon pierwszej pomocy na autostradzie [tɛlɛfɔn pʲerʃʃej pɔmɔtsi na awtɔstradʑe]
Panne	awaria [avarʲja]
Pannendienst	pomoc drogowa [pɔmɔts drɔgɔva]
Platten	przebita opona [pʃɛbʲita ɔpɔna]
Starthilfekabel	kabel pomocniczy do rozruchu [kabel pɔmɔtsɲitʃi dɔ rɔzruxu]
Wagenheber	lewarek do samochodu [lɛvarek dɔ samɔxɔdu]
Warnblinkanlage	światła awaryjne *(pl)* [ɕfjatwa avarijnɛ]
Warndreieck	trójkąt ostrzegawczy [trujkɔnt ɔstʃegaftʃi]
Werkzeug	narzędzia *(pl)* [naʐɛɲdʑa]

IN DER WERKSTATT

Was wird es ungefähr kosten?
Ile to będzie mniej więcej kosztować?
[ilɛ tɔ bɛɲdʑɛ mɲɛj vjɛncɛj kɔʃtɔvatɕ]

Abblendlicht	światła mijania *(pl)* [ɕvʲjatwa mʲijaɲa]
Alarmanlage	system alarmowy [sistɛm alarmɔvi]
Anlasser	rozrusznik [rɔzruʃnik]
Auspuff	rura wydechowa [rura vidɛxɔva]; tłumik [twumˌik]
Automatik(getriebe)	automatyczna skrzynia biegów [awtɔmatitʃna skʃina bʲjɛguf]
Bremse	hamulec [xamulɛts]
Bremsflüssigkeit	płyn hamulcowy [pwin xamultsɔvi]
Bremslichter	światła hamulcowe *(pl)* [ɕvʲjatwa xamultsɔvɛ]
Defekt	defekt [dɛfɛkt]
Fernlicht	światła drogowe *(pl)* [ɕvʲjatwa drɔgɔvɛ]
Frostschutzmittel	odmrażacz [ɔdmraʒatʃ]
Gang	bieg [bʲjɛk]
– erster Gang	pierwszy bieg [pʲjɛrfʃi bʲjɛk]
– Leerlauf	bieg jałowy [bʲjɛk jawɔvi]; na luzie [na luʑiɛ]
– Rückwärtsgang	wsteczny bieg [fstɛtʃni bʲjɛk]
Gaspedal	pedał gazu [pɛdaw gazu]
Getriebe	skrzynia biegów [skʃina bʲjɛguf]
Handbremse	hamulec ręczny [xamulɛts rɛ̃tʃni]
Hupe	klakson [klaksɔn]
Kofferraum	bagażnik samochodu [bagaʒnik samɔxɔdu]
Kühler	chłodnica [xwɔdɲitsa]
Kühlwasser	płyn chłodniczy [pwin xwɔdɲitʃi]
Kupplung	sprzęgło [spʃɛ̃gwɔ]
Kurzschluss	zwarcie [zvartɕɛ]
Lichtmaschine	alternator [altɛrnatɔr]

Luftfilter	filtr powietrza [fˌiltr pɔvˌjɛtʃa]
Motor	silnik [ɕilɲik]
Öl	olej [ɔlɛj]
Ölwechsel	wymiana oleju [vɨmˌjana ɔlɛju]
Rad	koło [kɔwɔ]
Reifen	opona [ɔpɔna]
Rücklicht	światło wsteczne [ɕvˌjatwɔ fstɛtʃnɛ]
Rückspiegel	lusterko wsteczne [lustɛrkɔ fstɛtʃnɛ]
Schaden	szkoda [ʃkɔda]
Scheibenwischer	wycieraczka szyby [vɨtɕɛratʃka ʃɨbɨ]
Scheinwerfer	reflektor [rɛflɛktɔr]
Schraube	śruba [ɕruba]
Sicherheitsgurt	pas bezpieczeństwa [pas bɛspˌɛtʃɛnstfa]
Standlicht	światło postojowe [ɕfˌjatwɔ pɔstɔjɔvɛ]
Stoßstange	zderzak [zdɛʒak]
Tachometer	szybkościomierz [ʃɨpkɔɕtɕɔmˌjɛʃ]
Tank	bak [bak]
Verbandskasten	podręczna apteczka [pɔdrɛntʃna aptɛtʃka]
Warnblinkanlage	światła awaryjne *(pl)* [ɕfjatwa avarɨjnɛ]
Warndreieck	trójkąt ostrzegawczy [trujkɔnt ɔstʃɛgaftʃi]
elektronische Wegfahrsperre	immobilizer [immɔbˌilajzɛr]
Werkstatt	warsztat naprawczy [varʃtat napraftʃi]
Windschutzscheibe	przednia szyba w aucie [pʃɛdɲa ʃɨba v awtɕɛ]
Winterreifen	opona zimowa [ɔpɔna zimɔva]
Zündkerze	świeca zapłonowa [ɕfˌjɛtsa zapwɔnɔva]
Zündung	zapłon [zapwɔn]

UNTERWEGS

VERKEHRSUNFALL

Ein Unfall ist passiert!
Zdarzył się wypadek! [zdaʒiw ɕɛ vipadɛk]

Rufen Sie bitte schnell ...
Proszę wezwać szybko... [prɔʃɛ̃ vɛzvatɕ ʃipkɔ]

– einen Krankenwagen!
karetkę pogotowia! [karɛtkɛ̃ pɔgɔtɔvˌa]
– die Polizei!
policję! [pɔlˌitsjɛ̃]
– die Feuerwehr!
straż pożarną! [straʃ pɔʒarnɔ̃]

Haben Sie Verbandszeug?
Czy ma pan/pani bandaże? [tʃi ma pan/paɲi bandaʒɛ]

Sie haben die Vorfahrt nicht beachtet.
Nie przestrzegał/a pan/pani pierwszeństwa przejazdu.
[ɲɛ pʃɛstʃɛgaw/a pan/paɲi pˌɛrfʃɛŋstfa pʃɛjazdu]

Sie haben nicht geblinkt.
Nie włączył/a pan/pani kierunkowskazu.
[ɲɛ vwɔntʃiw/a pan/paɲi cɛruŋɔfskazu]

Sie sind zu schnell gefahren.
Jechał/a pan/pani za szybko. [jɛxaw/a pan/paɲi za ʃipkɔ]

Sie sind bei Rot über die Kreuzung gefahren.
Przejechał/a pan/pani skrzyżowanie na czerwonych
światłach. [pʃɛjɛxaw/a pan/paɲi skʃiʒɔvaɲɛ na tʃɛrvɔnix
ɕvjatwax]

Geben Sie mir bitte Ihren Namen und Ihre Anschrift.
Proszę mi podać pana/pani nazwisko i adres.
[prɔʃɛ̃ mˌi pɔdatɕ pana/paɲi nazvˌiskɔ i adrɛs]

AUTO-, MOTORRAD- UND FAHRRADVERMIETUNG

Ich möchte für zwei Tage/eine Woche ... mieten.
Chciałbym/chciałabym wypożyczyć na dwa dni/tydzień...
[xtɕawbim/xtɕawabim vipɔʒitʃitɕ na dva dɲi/tidʑɛɲ]

- einen (Gelände-)Wagen
  samochód (terenowy). [samɔxut tɛrɛnɔvi]
- ein Motorrad
  motocykl. [mɔtɔtsikl]
- einen Motorroller
  motorower. [mɔtɔrɔvɛr]
- ein Fahrrad
  rower. [rɔvɛr]

Bitte mit ...
Proszę z... [prɔʃɛ̃ z]

- Automatik.
  automatyczną skrzynią biegów.
  [awtɔmatitʃnɔ̃ skʃinɔ̃ bjeguf]
- Klimaanlage.
  klimatyzacją. [kl̩imatizatsjɔ̃]
- Navigationsgerät.
  nawigacją. [navigatsjɔ̃]

Gibt es für Körperbehinderte Leihwagen mit Handgas?
Czy są do wypożyczenia samochody dla
niepełnosprawnych z ręcznym pedałem gazu?
[tʃi sɔ̃ dɔ vipɔʒitʃɛɲa samɔxɔdi dla ɲepewnɔspravnix z rɛntʃnim pɛdawɛm gazu]

Wie viel kostet es pro Tag/Woche?
Ile to kosztuje na dzień/tydzień?
[ilɛ tɔ kɔʃtuje na dʑɛɲ/tidʑɛɲ]

Wie viel verlangen Sie pro gefahrenen Kilometer?
Jaka jest cena za przejechany kilometr?
[jaka jest tsɛna za pʃejexani cilɔmɛtr]

Ist das Fahrzeug vollkaskoversichert?
Czy pojazd ma autokasko? [tʃi pɔjast ma awtɔkaskɔ]

Haben Sie eine Straßenkarte?
Czy ma pan/pani plan miasta?
[tʃi ma pan/paɲi plan mjasta]

Ich möchte auch einen Schutzhelm leihen.
Chciałbym/Chciałabym wypożyczyć hełm ochronny.
[xtɕawbim/xtɕawabim vipɔʒitʃitɕ xɛwm ɔxrɔnni]

Verleihen Sie Kinderautositze?
Czy wypożycza pan/pani foteliki samochodowe?
[tʃi vipɔʒitʃa pan/paɲi fɔtɛlˌiki samɔxɔdɔvɛ]

Führerschein	prawo jazdy [pravɔ jazdi]
Handgas	ręczny pedał gazu [rɛntʃni pɛdaw gazu]
hinterlegen	zdeponować [zdɛpɔnɔvatɕ]
Kaution	kaucja [kawtsja]
Kindersitz	fotelik dla dziecka [fɔtɛlˌik dla dʑɛtska]
Kindersitzkissen	podstawka samochodowa [pɔtstafka samɔxɔdɔva]
Papiere	dokumenty *(pl)* [dɔkumɛnti]
Schiebedach	szyberdach [ʃibɛrdax]
Sturzhelm	kask [kask]
Teilkasko	kasko z wkładem własnym [kaskɔ s fkwadɛm vwasnim]
grüne Versicherungskarte	polisa ubezpieczeniowa [pɔlˌisa ubɛspˌetʃɛɲɔva]
Vollkasko	autokasko [awtɔkaskɔ]
Wochenendpauschale	ryczałt weekendowy [ritʃawt wˌikɛndɔvi]
Zündschlüssel	kluczyk zapłonowy [klutʃik zapwɔnɔvi]

Mit dem Flugzeug

EINEN FLUG BUCHEN

Ich möchte einen einfachen Flug nach ...
Chciałbym/chciałabym zarezerwować lot do...
[xtɕawbɨm/xtɕawabɨm zarɛzɛrvɔvatɕ lɔt dɔ]

Ich möchte einen Hin- und Rückflug nach ... buchen.
Chciałbym/chciałabym zarezerwować lot w obie strony do ... [xtɕawbɨm/xtɕawabɨm zarɛzɛrvɔvatɕ lɔt v‿ɔbˌɛ strɔnɨ dɔ]

Ich möchte bitte ...
Chciałbym/chciałabym... [xtɕawbɨm/xtɕawabɨm]

- *einen Fensterplatz.*
  miejsce przy oknie. [mjɛjstsɛ pʃɨ ɔkɲɛ]
- *einen Platz am Gang.*
  miejsce przy przejściu. [mjɛjstsɛ pʃɨ pʃɛjɕtɕu]

Ich möchte diesen Flug stornieren.
Chciałbym/chciałabym anulować ten lot.
[xtɕawbɨm/xtɕawabɨm anulɔvatɕ tɛn lɔt]

Ich möchte diesen Flug umbuchen.
Chciałbym/chciałabym zmienić rezerwację.
[xtɕawbɨm/xtɕawabɨm zmˌɛɲitɕ rɛzɛrvatsjɛ̃]

AM FLUGHAFEN

Wo ist bitte ...
Gdzie jest... [ɡdʑɛ jɛst]

- *... der Schalter der ...-Fluggesellschaft?*
  ...okienko linii lotniczych? [ɔɕɛnkɔ lˌiɲi lɔtɲitʃɨx]
- *... Halle/Terminal ...?*
  ...hala/terminal...? [xala/tɛrmˌinal]
- *... der Check-in-Automat?*
  ...automat do samodzielnej odprawy?
  [awtɔmat dɔ samɔdʑɛlnɛj ɔtpravɨ]

Kann ich das/diese Flüssigkeit als Handgepäck mitnehmen?
Czy mogę wziąć to/ten płyn ze sobą jako bagaż podręczny? [tʃi mɔgẽ vzɔntɕ tɔ/tɛn pwin zɛ sɔbɔ̃ jakɔ bagaʒ pɔdrɛntʃni]

Ich habe einen Laptop im Handgepäck.
W bagażu podręcznym mam laptopa.
[v‿bagaʒu pɔdrɛntʃnim mam lɛptɔpa]

Kann ich einen eigenen (faltbaren) Rollstuhl/einen Buggy im Flugzeug mitnehmen?
Czy mogę wziąć własny (składany) wózek inwalidzki/spacerówkę do samolotu? [tʃi mɔgẽ vzɔ̃tɕ vwasni (skwadani) vuzɛk inval‿itsci/spatsɛrufkẽ dɔ samɔlɔtu]

Wann landet die Maschine aus …?
Kiedy ląduje samolot z…? [cɛdɨ lɔnduje samɔlɔt z…]

ANKUNFT

Mein Gepäck ist verloren gegangen.
Zginął mój bagaż. [zɟinɔw muj bagaʃ]

Mein Koffer ist beschädigt worden.
Moja walizka została uszkodzona.
[mɔja val‿iska zɔstava uʃkɔdzɔna]

Wo fährt der Bus in Richtung … ab?
Skąd odjeżdża autobus w kierunku…?
[skɔnt ɔdjɛʒdʑa awtɔbus f‿cɛrunku]

Abflug	odlot [ɔdlɔt]
Ankunft	przyjazd [pʃijast]; przylot [pʃilɔt]
Ankunftszeit	czas przyjazdu/przylotu [tʃas pʃijazdu/pʃilɔtu]
Anschluss	połączenie [pɔwɔntʃɛɲɛ]
Auslandsflug	lot zagraniczny [lɔt zagraɲitʃni]
Bordkarte	karta pokładowa [karta pɔkwadɔva]
einchecken	odprawiać się przed odlotem [ɔtprav‿jatɕ ɕẽ pʃɛd ɔdlɔtɛm]

elektronisches Ticket	bilet elektroniczny [bˌilɛt ɛlɛktrɔnitʃni]
Flug	lot [lɔt]
Flugbegleiter/in	steward/stewardessa [stjuart/stjuardɛsa]
Flughafen	lotnisko [lɔtɲiskɔ]
Flugsteig, Gate	wyjście do samolotu [vɨjɕtɕɛ dɔ samɔlɔtu]
Gepäck	bagaż [bagaʃ]
Gepäckabfertigung	odprawa bagażu [ɔtprava bagaʒu]
Gepäckausgabe	wydawanie bagażu [vɨdavaɲɛ bagaʒu]
Inlandsflug	lot krajowy [lɔt krajɔvɨ]
Internetbuchung	rezerwacja internetowa [rɛzɛrvatsja intɛrnɛtɔva]
Landung	lądowanie [lɔ̃dɔvaɲɛ]
Notausgang	wyjście awaryjne [vɨjɕtɕɛ avarɨjnɛ]
Notlandung	lądowanie awaryjne [lɔ̃dɔvaɲɛ avarɨjnɛ]
Notrutsche	trap awaryjny [trap avarɨjnɨ]
Passagier	pasażer [pasaʒɛr]
Pilot	pilot [pˌilɔt]
Schwimmweste	kamizelka ratunkowa [kamˌizɛlka ratunkɔva]
Sicherheitskontrolle	kontrola bezpieczeństwa [kɔntrɔla bɛspˌiɛtʃɛnstfa]
Spucktüte	torebka chorobowa [tɔrɛpka xɔrɔbɔva]
Stornieren	anulować [anulɔvatɕ]
Terminal	terminal [tɛrmˌinal]
Übergepäck	nadbagaż [natbagaʃ]
Umbuchen	zmienić rezerwację [zmˌiɛɲitɕ rɛzɛrvatsjɛ̃]
Verspätung	spóźnienie [spuʑɲɛɲɛ]
Zwischenlandung	międzylądowanie [mˌiɛ̃dʑɨlɔ̃dɔvaɲɛ]

UNTERWEGS

Auf Schienen

IM BAHNHOF

Wo kann ich eine Fahrkarte kaufen?
Gdzie mogę kupić bilet? [gdʑɛ mɔgẽ kupˌitɕ bˌilɛt]

Ist der Einstieg in den Wagen ebenerdig?
Czy pojazd ma wejście bezprogowe?
[tʃi pɔjast ma vɛjɕtɕɛ bɛsprɔgɔvɛ]

Entschuldigen Sie bitte, von welchem Gleis fährt der Zug nach ... ab?
Przepraszam, z którego toru odjeżdża pociąg do...?
[pʃɛpraʃam, sˌkturɛgɔ tɔru ɔdjɛʒdʑa pɔtɕɔ̃ŋk dɔ]

FAHRKARTEN KAUFEN

Zwei Karten nach ..., einfach bitte.
Proszę dwa bilety do... [prɔʃẽ dva bˌilɛti dɔ]

Bitte eine Rückfahrkarte nach ...
Poproszę bilet powrotny do... [pɔprɔʃẽ bˌilɛt pɔvrɔtni dɔ]

Gibt es eine Ermäßigung für Kinder/Studenten/Senioren?
Czy jest zniżka dla dzieci/studentów/emerytów?
[tʃi jɛst zniʃka dla dʑɛtɕi/studɛntuf/ɛmɛrituf]

Ich möchte gern zwei Plätze reservieren.
Chciałbym/chciałabym zrobić rezerwację dla dwóch osób.
[xtɕawbim/xtɕawabim zrɔbˌitɕ rɛzɛrvatsjẽ dla dvux ɔsub]

– für den IC nach ...
  na Intercity do... [na intersiti dɔ]
– am ... um ... Uhr
  na... o godzinie... [na ɔ gɔdʑinɛ]
– im Liegewagen
  w kuszetce [fˌkuʃɛttsɛ]
– im Schlafwagen
  w wagonie sypialnym [vˌvagɔɲɛ sipjalnim]
– im Speisewagen
  w wagonie restauracyjnym [vˌvagɔɲɛ rɛstawratsijnim]

Wie oft muss ich da umsteigen?
Jak często muszę się przesiadać?
[jak tʃɛnstɔ muʃẽ ɕɛ̃ pʃɛɕadatɕ]

IM ZUG

Verzeihung, ist dieser Platz noch frei?
Przepraszam, czy to miejsce jest jeszcze wolne?
[pʃɛpraʃam, tʃɨ tɔ mˌjɛjstsɛ jɛst jɛʃtʃɛ vɔlnɛ]

Entschuldigen Sie, ich glaube, das ist mein Platz.
Przepraszam, to jest moje miejsce.
[pʃɛpraʃam, tɔ jɛst mɔjɛ mˌjɛjstsɛ]

Könnte mir jemand beim Umsteigen behilflich sein?
Czy ktoś mógłby mi pomóc przy przesiadce?
[tʃɨ ktɔɕ mugwbɨ mˌi pɔmuts pʃɨ pʃɛɕattsɛ]

Abfahrt	odjazd [ɔdjast]
Abteil	przedział [pʃɛdɕaw]
Ankunft	przyjazd [pʃɨjast]
	przylot [pʃɨlɔt]
Aufenthalt	pobyt [pɔbɨt]
Ausdruck	wydruk [vɨdruk]
aussteigen	wysiadać [vɨɕadatɕ]
Autoreisezug	pociąg samochodowy [pɔtɕɔ̃nk samɔxɔdɔvɨ]
Bahnhof	dworzec [dvɔʒɛts]
Begleitperson	osoba towarzysząca [ɔsɔba tɔvaʒɨʃɔntsa]
Bistrowagen	wagon barowy [vagɔn barɔvɨ]
einsteigen	wsiadać [fɕadatɕ]
entwerten	skasować [skasɔvatɕ]
Ermäßigung	zniżka [zɲiʃka]
Fahrkarte	bilet [bˌilɛt]
Fahrkartenkontrolle	kontrola biletów [kɔntrɔla bˌilɛtuf]
Fahrkartenschalter	okienko biletowe [ɔɕɛnkɔ bˌilɛtɔvɛ]
Fahrplan	rozkład jazdy [rɔskwat jazdɨ]
Fahrpreis	cena biletu [tsɛna bˌilɛtu]
Fensterplatz	miejsce przy oknie [mˌjɛjstsɛ pʃɨ ɔknɛ]

Gepäck	bagaż [bagaʃ]
Gleis	tor [tɔr]
Großraumwagen	wagon bez przedziałów [vagɔn bɛs pʃɛdʑawuf]
Hauptbahnhof	dworzec główny [dvɔʑɛts gwuvni]
Internetbuchung	rezerwacja internetowa [rɛzɛrvatsja intɛrnɛtɔva]
Kinderfahrkarte	bilet dla dziecka [bilɛt dla dʑɛtska]
Liegewagenplatz	miejsce w kuszetce [mjɛjstsɛ f kuʃɛttsɛ]
Minibar	mały barek [mawi barɛk]
Nichtraucherabteil	przedział dla niepalących [pʃɛdʑaw dla ɲɛpalɔ̃tsix]
Platzreservierung	miejscówka [mjɛjstsufka]
Reservierung	rezerwacja [rɛzɛrvatsja]
Rückfahrkarte	bilet powrotny [bilɛt pɔvrɔtni]
Schaffner/in	konduktor/ka [kɔnduktɔr/ka]
Schließfach	skrytka na bagaż [skritka na bagaʃ]
Schwerbehinderte	inwalida [invalida]
Speisewagen	wagon restauracyjny [vagɔn rɛstawratsijni]
Wagennummer	numer wagonu [numɛr vagɔnu]
Wartesaal	poczekalnia [pɔtʃɛkalɲa]
Werktag	dzień roboczy [dʑɛɲ rɔbɔtʃi]
Zug	pociąg [pɔtɕɔ̃ŋk]
Zugchef/in	kierownik/kierowniczka pociągu [cɛrɔvɲik/cɛrɔvɲitʃka pɔtɕɔ̃ŋu]

HINWEISE UND INFORMATIONEN

Dla palących	Raucher
Dla niepalących	Nichtraucher
Dworzec	Bahnhof
Hamulec bezpieczeństwa	Notbremse
Informacja	Auskunft
Objazd	Umleitung

Odjazd	Abfahrt
Palenie wzbronione	Rauchen nicht gestattet
Przyjazd	Ankunft
Poczekalnia	Wartesaal
Wagon sypialny	Schlafwagen
Wagon z kuszetkami	Liegewagen
Wejście	Eingang
Wyjście	Ausgang
Woln-y/-a/-e	frei
Woda niezdatna do picia	kein Trinkwasser
Zajęte	besetzt

Auf dem Wasser

EINE SCHIFFSFAHRT BUCHEN

Könnten Sie mir bitte sagen, wann das nächste Schiff/ die nächste Fähre nach ... abfährt?
Czy może mi pan/pani powiedzieć, kiedy odpływa najbliższy statek/prom do...? [tʃi mɔʒe mˌi pan/paɲi pɔvjedʑetɕ, ɕedi ɔtpwiva najblˌiʃʃi statek/prɔm dɔ]

Ich möchte bitte ...
Poproszę... [pɔprɔʃɛ̃]

– eine Schiffskarte nach ...
  bilet na statek do... [bˌilet na statek dɔ]
– 1. Klasse
  pierwszą klasę [pjerfsɔ̃ klasɛ̃]
– Touristenklasse
  klasę turystyczną [klasɛ̃ turistitʃnɔ̃]
– eine Einzelkabine
  kabinę jednoosobową [kabˌinɛ̃ jednɔɔsɔbɔvɔ̃]
– eine Zweibettkabine
  kabinę z dwoma łóżkami [kabˌinɛ̃ z dvɔma wuʃkamˌi]

Ich möchte eine Karte für die Rundfahrt um ... Uhr.
Poproszę bilet na wycieczkę o godzinie...
[pɔprɔʃɛ̃ bˌilet na vitɕetʃkɛ̃ ɔ gɔdʑiɲe]

AN BORD

Ich suche Kabine Nr. ...
Szukam kabiny z numerem... [ʃukam kabini z‿numɛrɛm]

Wo ist bitte der Speisesaal/der Aufenthaltsraum?
Przepraszam, gdzie jest restauracja/świetlica?
[pʃɛpraʃam, ɡd͡ʑɛ jɛst rɛstawratsja/ɕvjɛtlˌitsa]

Könnten Sie bitte den Schiffsarzt rufen?
Proszę zawołać lekarza okrętowego.
[prɔʃɛ̃ zavowat͡ɕ lɛkaʒa ɔkrɛntɔvɛɡɔ]

Könnten Sie mir bitte ein Mittel gegen Seekrankheit geben?
Proszę mi dać środek przeciw chorobie morskiej.
[prɔʃɛ̃ mˌi dat͡ɕ ɕrɔdɛk pʃɛt͡ɕif xɔrɔbˌɛ mɔrscɛj]

anlegen in	przybić do [pʃibˌit͡ɕ dɔ]
Anlegestelle	przystań [pʃistaɲ]
Buchung	rezerwacja [rɛzɛrvatsja]
Dampfer	parowiec [parɔvˌɛts]
Deck	pokład [pɔkwat]
Fähre	prom [prɔm]
Fahrkarte	bilet [bˌilɛt]
Festland	ląd [lɔnt]
Hafen	port [pɔrt]
Kabine	kabina [kabˌina]
Kai	nabrzeże [nabʒɛʒɛ]
Kapitän	kapitan [kapˌitan]
Klimaanlage	klimatyzacja [klimatizatsja]
Kreuzfahrt	wycieczka statkiem po morzu [vit͡ɕɛt͡ʃka statcɛm pɔ mɔʒu]
Küste	wybrzeże [vibʒɛʒɛ]; brzeg [bʒɛk]
Landausflug	wycieczka na ląd [vit͡ɕɛt͡ʃka na lɔ̃t]
Luftkissenboot	poduszkowiec [pɔduʃkɔvjɛts]
Rettungsboot	łódka ratownicza [wutka ratɔvɲit͡ʃa]

Rettungsring	koło ratunkowe [kɔwɔ ratunkɔvɛ]
Rundfahrt	wycieczka po morzu [vitɕɛtʃka pɔ mɔʒu]
Schwimmweste	kamizelka ratunkowa [kamiˌzɛlka ratunkɔva]
Seegang	fala [fala]
seekrank sein	mieć chorobę morską [mˌɛtɕ xɔrɔbɛ̃ mɔrskɔ̃]
Tragflügelboot	wodolot [vɔdɔlɔt]

UNTERWEGS

Mit Bus und Bahn

Bitte, wo ist die nächste ...
Przepraszam, gdzie tu jest najbliższy...
[pʃɛpraʃam, gdʑɛ tu jɛst najblˌiʃʃi]

- *Bushaltestelle?*
 przystanek autobusowy? [pʃistanɛk awtɔbusɔvi]
- *Straßenbahnhaltestelle?*
 przystanek tramwajowy? [pʃistanɛk tramvajɔvi]
- *U-Bahnstation?*
 przystanek metra? [pʃistanɛk mɛtra]

Entschuldigen Sie, ist das der Bus nach ...?
Przepraszam, czy to jest autobus do...?
[pʃɛpraʃam, tʃi tɔ jɛst awtɔbus dɔ]

Entschuldigen Sie, wo muss ich aussteigen/umsteigen?
Przepraszam, gdzie muszę wysiąść/się przesiąść?
[pʃɛpraʃam, gdʑɛ muʃɛ̃ viɕɔ̃ɕtɕ/ɕɛ pʃɛɕɔ̃ɕtɕ]

MIT „ÖFFIS"

U-Bahn- (nur Warschau), Straßenbahn- oder Buskarten kaufen Sie am Kiosk oder Automaten. An Feiertagen und nachts geben auch die Fahrer die Karten aus. Sie müssen die Tickets gleich nach dem Einsteigen entwerten.

Könnten Sie mir bitte Bescheid geben, wenn ich aussteigen muss?
Może mi pan/pani powiedzieć, kiedy mam wysiąść?
[mɔʒɛ mi pan/paɲi pɔviɛdʑɛtɕ, ɕɛdɨ mam vɨɕɔ̃ɕtɕ]

Gibt es ...
Czy dostępne są... [tʃɨ dɔstɛmpnɛ sɔ̃]

– Tageskarten?
 bilety całodzienne? [bilɛtɨ tsawɔdʑɛnnɛ]
– Wochenkarten?
 bilety tygodniowe? [bilɛtɨ tɨgɔdɲɔvɛ]
– Touristentickets?
 bilety turystyczne? [bilɛtɨ turistɨtʃnɛ]

Bitte, einen Fahrschein nach ...
Poproszę bilet do... [pɔprɔʃɛ̃ bilɛt dɔ]

Der Fahrkartenautomat ist defekt.
Automat biletowy jest zepsuty.
[awtɔmat bilɛtɔvɨ jɛst zɛpsutɨ]

Abfahrt	odjazd [ɔdjast]
Bus	autobus [awtɔbus]
Busbahnhof	dworzec autobusowy [dvɔʒɛts awtɔbusɔvi]
einsteigen	wsiadać [fɕadatɕ]
Endstation	stacja końcowa [statsja kɔɲtsɔva]
entwerten	skasować [skasɔvatɕ]
Fahrkartenautomat	automat biletowy [awtɔmat bilɛtɔvi]
Fahrplan	rozkład jazdy [rɔskwat jazdɨ]
Fahrpreis	cena biletu [tsɛna bilɛtu]
Fahrschein	bilet [bilɛt]
Fahrscheinentwerter	kasownik [kasɔvɲik]
Haltestelle	przystanek [pʃɨstanɛk]
Kontrolleur	kontroler [kɔntrɔlɛr]
Nahverkehrszug	pociąg podmiejski [pɔtɕɔ̃ŋk pɔdmiɛjski]
Obus	trolejbus [trɔlɛjbus]
S-Bahn	kolejka miejska [kɔlɛjka miɛjska]
Schaffner	konduktor [kɔnduktɔr]

Stadtbus	autobus miejski [awtɔbus mˌɛjsci]
Straßenbahn	tramwaj [tramvaj]
U-Bahn	metro [mɛtrɔ]
Überlandbus	autobus dalekobieżny [awtɔbus dalɛkɔbjɛʒni]

Mit dem Taxi

Hallo! Bitte ein Taxi an die Adresse ... für jetzt gleich/ für morgen ... Uhr.
Halo! Proszę o taksówkę na adres... natychmiast/na jutro na godzinę... [xalɔ! prɔʃɛ̃ ɔ taksufkɛ̃ na adrɛs… natixmjast/na jutrɔ na gɔdʑinɛ̃]

Entschuldigen Sie bitte, wo ist denn der nächste Taxistand?
Przepraszam, gdzie jest najbliższy postój taksówek?
[pʃɛpraʃam, gdʑɛ jɛst najblˌiʃʃi pɔstuj taksuvɛk]

Bringen Sie mich bitte zu (dieser Adresse).
Proszę mnie zawieźć do (pod ten adres).
[prɔʃɛ̃ mɲɛ zaviɛɕtɕ dɔ (pɔt tɛn adrɛs)]

Zum Bahnhof, bitte.
Na dworzec, proszę. [na dvɔʒɛts, prɔʃɛ̃]

Zum ... Hotel, bitte.
Do hotelu..., proszę. [dɔ xɔtɛlu prɔʃɛ̃]

In die ...-Straße, bitte.
Na ulicę... proszę. [na ulˌitsɛ̃ prɔʃɛ̃]

Nach ..., bitte.
Poproszę do... [pɔprɔʃɛ̃ dɔ]

Wie viel kostet es nach ...?
Ile kosztuje do...? [ilɛ kɔʃtujɛ dɔ]

Könnten Sie bitte hier halten?
Proszę się tutaj zatrzymać. [prɔʃɛ̃ ɕɛ̃ tutaj zatʃimatɕ]

Könnten Sie mir bitte eine Quittung ausstellen?
Czy mógłby pan/mogłaby pani wystawić mi pokwitowanie?
[tʃi mugwbi pan/mɔgwabi pani vistavˌitɕ mˌi pokfitɔvanɛ]

anhalten	zatrzymywać [zatʃimivatɕ]
anschnallen	zapiąć pasy [zapˌɔ̃tɕ pasi]
Hausnummer	numer domu [numɛr dɔmu]
Kilometerpreis	cena za kilometr [tsɛna za cilɔmɛtr]
Pauschalpreis	cena umowna [tsɛna umɔvna]
Quittung	pokwitowanie [pɔkvˌitɔvaɲɛ]
Sicherheitsgurt	pas bezpieczeństwa [pas bɛspˌetʃɛnstfa]
Taxifahrer/in	taksówkarz [taksufkaʃ]
Taxistand	postój taksówek [pɔstuj taksuvɛk]
Trinkgeld	napiwek [napˌivɛk]

Sehenswürdigkeiten und Museen

ÖFFNUNGSZEITEN, EINTRITTSKARTEN, FÜHRUNGEN

Wie lange haben Sie geöffnet?
Do której godziny mają Państwo otwarte?
[dɔ kturɛj gɔdʑiɲi majɔ̃ paɲstfɔ ɔtfartɛ]

EINMAL FREI

Museen sind tagsüber normalerweise durchgehend geöffnet. An einem Tag in der Woche, meistens am Montag, sind sie geschlossen. In vielen Museen ist einmal in der Woche der Eintritt frei – leider gibt es keinen festen Wochentag für alle Einrichtungen.

Wann beginnt die nächste Führung?
Kiedy zaczyna się następne oprowadzanie?
[cɛdɨ zatʃina ɕe nastɛmpnɛ ɔprɔvadzaɲɛ]

Gibt es auch eine Führung auf Deutsch/Englisch?
Czy jest także oprowadzanie po niemiecku/po angielsku?
[tʃɨ jɛst tagʒɛ ɔprɔvadzaɲɛ pɔ ɲemˌetsku/pɔ anjelsku]

Darf man hier fotografieren?
Czy można tu fotografować? [tʃɨ mɔʒna tu fɔtɔgrafɔvatɕ]

Zwei Eintrittskarten, bitte!
Poproszę dwa bilety! [pɔprɔʃɛ̃ dva bˌilɛtɨ]

Zwei Erwachsene und ein Kind.
Dwie osoby dorosłe i dziecko.
[dvjɛ ɔsɔbɨ dɔrɔswɛ i dʑetskɔ]

Ist die Ausstellung für Gehbehinderte über Aufzüge erreichbar?
Czy niepełnosprawni ruchowo mogą się dostać na tę wystawę przy pomocy windy? [tʃɨ ɲepewnɔspravɲi ruxɔvɔ mɔgɔ̃ ɕe dɔstatɕ na tɛ̃ vɨstavɛ pʃɨ pɔmɔtsɨ vˌindɨ]

Gibt es spezielle Führungen für Behinderte/ Stadtführungen für Gehörlose?
Czy są specjalne wycieczki z przewodnikiem dla niepełnosprawnych/wycieczki po mieście z przewodnikiem dla głuchych? [tʃɨ sɔ̃ spetsjalnɛ vitɕetʃci sˌpʃɛvɔdɲicɛm dla ɲepewnɔspravnix/vitɕetʃci pɔ mˌjeɕtɕe sˌpʃɛvɔdɲicɛm dla gwuxix]

THEATER, KINO, KONZERT

Könnten Sie mir bitte sagen, welches Stück heute Abend im Theater gespielt wird?
Proszę mi powiedzieć, jaką sztukę grają w teatrze dzisiaj wieczorem? [prɔʃɛ̃ mˌi pɔvjedʑetɕ, jakɔ̃ ʃtukɛ grajɔ̃ fˌteatʃɛ dʑiɕaj vjetʃɔrɛm]

Wann beginnt die Vorstellung?
Kiedy zaczyna się przedstawienie?
[cɛdɨ zatʃina ɕɛ̃ pʃɛtstavˌieɲɛ]

Wo bekommt man Karten?
Gdzie można kupić bilety? [gdʑe mɔʐna kupˌitɕ bˌileti]

Bitte zwei Karten für heute Abend.
Proszę dwa bilety na dzisiejszy wieczór.
[prɔʃɛ̃ dva bˌileti na dʑiɕejʃi vˌetʃur]

Bitte zwei Plätze zu ... Zloty!
Proszę dwa miejsca za... złotych.
[prɔʃɛ̃ dva mˌejstsa za... zwɔtix]

Eintrittskarte	bilet wstępu [bˌilet fˌstɛmpu]
Festival	festiwal [fɛstˌival]
Garderobe	szatnia [ʃatɲa]
Kasse	kasa [kasa]
Pause	przerwa [pʃɛrva]
Programmheft	program [prɔgram]
Vorstellung	przedstawienie [pʃɛtstavˌɛɲɛ]
Vorverkauf	przedsprzedaż *(f)* [pʃɛtspʃɛdaʃ]

THEATER

Akt	akt [akt]
Aufführung	przedstawienie [pʃɛtstavˌɛɲɛ]
Ballett	balet [balɛt]
Drama	dramat [dramat]
Freilufttheater	teatr letni [teatr lɛtɲi]
Inszenierung	inscenizacja [instsɛɲizatsja]
Kabarett	kabaret [kabarɛt]
Kabarettist	artysta *(m)* kabaretowy [artista kabarɛtɔvi]
Komödie	komedia [kɔmɛdja]
Kopfhörer	słuchawki [swuxafci]
Loge	loża [lɔʒa]
Musical	musical [mjuzikal]
Oper	opera [ɔpɛra]
Operette	operetka [ɔpɛrɛtka]
Parkett	parter [partɛr]
Premiere	premiera [prɛmˌɛra]

1. Rang	pierwszy balkon [pjerfʃi balkɔn]
Schauspiel	dramat [dramat]
Schauspieler/in	aktor/ka [aktɔr/ka]
Spielplan	repertuar [rɛpɛrtuar]
Tänzer/in	tancerz/tancerka [tantsɛʃ/tantsɛrka]
Theater	teatr [tɛatr]
Tragödie	tragedia [tragɛdja]
Varieté	variété *(nt)* [varˌɛtɛ]

KONZERT

Blues	blues [blus]
Chor	chór [xur]
Dirigent/in	dyrygent/ka [dirigɛnt/ka]
Folk	folk [fɔlk]
Jazz	jazz [ʤɛs]
Klassik	klasyka [klasika]
Komponist/in	kompozytor/ka [kɔmpɔzitɔr/ka]
Konzert	koncert [kɔntsɛrt]
Orchester	orkiestra [ɔrcɛstra]
Pop	pop [pɔp]
Rap	rap [rap]
Reggae	reggae [rɛgɛ]
Rock	rock [rɔk]
Sänger/in	piosenkarz/piosenkarka [pˌiɔsɛnkaʃ/pˌiɔsɛŋkarka]
Solist/in	solista/solistka [sɔlˌista/sɔlˌistka]
Soul	soul [sɔwl]
Techno	techno [tɛxnɔ]
Volksmusik	muzyka ludowa [muzika ludɔva]

KINO

Film	film [fˌilm]
– Actionfilm	film akcji [fˌilm aktsi]
– Dokumentarfilm	film dokumentalny [fˌilm dɔkumɛntalni]

- Drama	dramat [dramat]
- Klassiker	film klasyczny [fˌilm klasitʃni]
- Komödie	komedia [kɔmɛdˌja]
- Kurzfilm	film krótkometrażowy [fˌilm krutkɔmraʒɔvi]
- Schwarzweißfilm	film czarno-biały [fˌilm tʃarnɔ-bjawi]
- Sciencefictionfilm	film science fiction [fˌilm sajɛns fˌikʃin]
- Thriller	thriller [trilɛr]
- Western	western [wɛstɛrn]
- Zeichentrickfilm	film animowany [fˌilm aɲimɔvani]
Filmschauspieler/in	aktor/ka filmow-y/a [aktɔr/ka fˌilmɔv-i/a]
Hauptrolle	rola główna [rɔla gwuvna]
Kino	kino [cinɔ]
Originalfassung	wersja oryginalna [vɛrsja ɔriɟinalna]
Untertitel	napisy *(pl)* [napˌisi]

AUSFLUG

Ausflug	wycieczka [vitɕɛtʃka]
Aussichtspunkt	miejsce widokowe [mˌɛjstsɛ vˌidɔkɔvɛ]; punkt widokowy [pũkt vˌidɔkɔvi]
Berg	góra [gura]
Bergdorf	wieś *(f)* górska [vˌɛɕ gurska]
Botanischer Garten	ogród botaniczny [ɔgrut bɔtaɲitʃni]
Deich	grobla [grɔbla]
Felswand	ściana skalna [ɕtɕana skalna]
Fluss	rzeka [ʒɛka]
Freilichtmuseum	skansen [skansɛn]
Gebirge	góry *(pl)* [guri]
Gipfel	szczyt [ʃtʃit]

Grotte	grota [grɔta]
Höhle	jaskinia [jasciɲa]; grota [grɔta]
Leuchtturm	latarnia morska [latarɲa mɔrska]
Markt	rynek [rinɛk]
Nationalpark	park narodowy [park narɔdɔvi]
Naturschutzgebiet	rezerwat przyrody [rɛzɛrvat pʃirɔdi]
Pass	wąwóz [vɔ̃vus]; przełęcz *(f)* [pʃɛwɛntʃ]
Quelle	źródło [ʑrudwɔ]
Rundfahrt	wycieczka [vitɕɛtʃka]
See (Binnengewässer)	jezioro [jɛʑɔrɔ]
Meer	morze [mɔʒɛ]
Sternwarte	obserwatorium astronomiczne [ɔpsɛrvatɔrjum astrɔnɔmˌitʃnɛ]
Tagesausflug	wycieczka jednodniowa [vitɕɛtʃka jɛdnɔdɲɔva]
Tal	dolina [dɔlˌina]
Wald	las [las]
Waldbrand	pożar lasu [pɔʒar lasu]
Wallfahrtsort	miejsce pielgrzymkowe [mˌɛjstsɛ pˌɛlɡʒimkɔvɛ]
Wasserfall	wodospad [vɔdɔspat]
Wildpark	zwierzyniec [zvjɛʑiɲɛts]
Zoo	ogród zoologiczny [ɔɡrut zɔɔlɔɟitʃni]; zoo [zɔɔ]

UNTERWEGS

Ausflugsziele

*die **Botschaft***
ambasada *f*
[ãmbasada]

*das **Einkaufsviertel***
dzielnica zakupowa *f*
[dʑelɲiɕa zakupova]

*die **Flussfahrt***
przejażdżka statkiem *f*
[pʃejaʒʤka statcɛm]

*das **Museum***
muzeum *n*
[muzɛwũm]

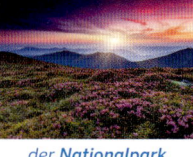

*der **Nationalpark***
park narodowy *m*
[park narɔdɔvi]

*der **Reiseführer***
przewodnik *m*
[pʃɛvɔdɲik]

*der **See***
jezioro *n*
[jɛʑɔrɔ]

*der **Zoo***
zoo *n*
[zɔː]

*der **Stadtplan***
plan miasta *m*
[plãn mjasta]

*die **Stadtrundfahrt***
zwiedzanie miasta
autokarem *n*
[zvjeʣãɲe mjasta
awtɔkarɛm]

*die **Touristeninformation***
informacja
turystyczna *f*
[ĩnfɔrmaʦja turistɨʧna]

*die **Stadtbesichtigung***
zwiedzanie
miasta *n*
[zvjeʣãɲe mjasta]

ESSEN UND TRINKEN

Essen gehen	54
Im Restaurant	56
Bestellen	56
Sich beschweren	59
Bezahlen	60
Café	60
Speisekarte	64
Getränkekarte	70
Fisch und Meeresfrüchte	71
Frühstück	72
Gemüse	73
Obst	74

Essen gehen

Wo gibt es hier ...
Gdzie jest tu w pobliżu...
[gdʑɛ jɛst tu f‿pɔblˌiʒu]

- *ein gutes Restaurant?*
  dobra restauracja?
  [dɔbra rɛstawratsja]
- *ein nicht zu teures Restaurant?*
  nie za droga restauracja?
  [ɲɛ za drɔga rɛstawratsja]

ZUBEREITUNG

durchgebraten	wysmażony [vismaʒɔni]
frittiert	smażony na głębokim tłuszczu [smaʒɔni na gwɛmbɔcim twuʃtʃu]

ESSEN UNTERWEGS

Achten Sie bei Überlandfahrten auf Schilder mit der Aufschrift **obiady domowe**. In den kleinen, privaten Raststätten servieren Hausfrauen gute und preiswerte Hausmannskost.

Bar – (Schnell-)Imbiss.
Bar mleczny – Milchbar, preiswertes Speiselokal mit Selbstbedienung.
Bistro – Café, in dem es auch Bier und Schnaps gibt.
Gospoda – Kneipe mit hausgemachten Speisen.
Karczma – rustikales Restaurant mit hausgemachten Speisen.
Kawiarnia – entspricht dem deutschen Café.
Lody – Eisdiele.
Piwiarnia, pub – Bierlokal.
Winiarnia – Weinlokal, Weinkeller.
Zajazd – Raststätte: an Landstraßen gelegenes Lokal mit umfangreichem Angebot an Speisen und Getränken.

ESSEN UND TRINKEN

gar	ugotowany [ugɔtɔvani]
gebacken	pieczony [pi̯ɛt͡ʃɔni]
gebraten	smażony [smaʒɔni]
gedämpft	gotowany na parze [gɔtɔvani na paʒɛ]
gedünstet	duszony [duʃɔni]
gefüllt	nadziewany [nad͡ʑɛvani]
gegart	gotowany na wolnym ogniu [gɔtɔvani na vɔlnim ɔgɲu]
gegrillt	grillowany [grillɔvani]
gekocht	gotowany [gɔtɔvani]
geräuchert	wędzony [vɛ̃d͡zɔni]
geschmort	duszony [duʃɔni]
mager	chudy [xudi]
roh	surowy [surɔvi]
saftig	soczysty [sɔt͡ʃisti]
sauer	kwaśny [kvaɕni]
scharf	ostry [ɔstri]

süß	słodki [swɔtɕi]
überbacken	zapiekany [zapˌɛkani]
zart	delikatny [dɛlˌikatni]

Im Restaurant

Ist dieser Tisch noch frei?
Czy ten stolik jest jeszcze wolny?
[tʃi tɛn stɔlˌik jest jeʃtʃɛ vɔlni]

Einen Tisch für zwei/drei Personen, bitte.
Poproszę stolik na dwie/trzy osoby.
[pɔprɔʃɛ̃ stɔlˌik na dvjɛ/tʃi ɔsɔbi]

Wo sind bitte die Toiletten?
Przepraszam, gdzie są toalety?
[pʃɛpraʃam, gdʑɛ sɔ̃ tɔalɛti]

Gibt es hier einen Wickelraum?
Czy jest tu pomieszczenie do przewijania?
[tʃi jest tu pɔmjeʃtʃɛɲɛ dɔ pʃɛvˌijaɲa]

Haben Sie einen (Nicht-)Raucherbereich?
Czy jest tutaj pomieszczenie dla (nie)palących?
[tʃi jest tutaj pɔmˌeʃtʃɛɲɛ dla (ɲɛ)palɔntsix]

Bestellen

Ich möchte ...
Chciałbym/Chciałabym...
[xtɕawbim/xtɕawabim]

- *die Speisekarte.*
  jadłospis. [jadwɔspˌis]
- *die Getränkekarte.*
  kartę napojów. [kartɛ̃ napɔjuf]

Ich hätte gerne etwas Typisches aus der Region.
Poproszę coś typowego z regionalnej kuchni.
[pɔprɔʃɛ̃ tsɔɕ tipɔvɛgɔ z rɛjɔnalnɛj kuxɲi]

Ich nehme ...
Wezmę...
[vɛzmɛ̃]

Als Vorspeise/Hauptgericht/Nachtisch nehme ich ...
Na przystawkę/danie główne/deser wezmę...
[na pʃitstafkɛ̃/daɲɛ gwuvnɛ/dɛsɛr vɛzmɛ̃]

Ich bin ...
Jestem... [jɛstɛm]

- *Diabetiker/Diabetikerin.*
 diabetykiem/diabetyczką.
 [d.jabɛticɛm/d.jabɛtitʃkɔ̃]
- *Vegetarier/Vegetarierin.*
 wegetarianinem/wegetarianką.
 [vɛgɛtarjaɲinɛm/vɛgɛtarjankɔ̃]
- *Veganer/Veganerin.*
 weganinem/weganką.
 [vɛgaɲinɛm/vɛgankɔ̃]

Ich bin allergisch gegen ...
Mam alergię na...
[mam alɛrɟɛ̃ na]

- *Eier.*
 jaja. [jaja]
- *Gluten.*
 gluten. [glutɛn]
- *Milchprodukte.*
 produkty mleczne.
 [prɔdukti mlɛtʃnɛ]
- *Natriumglutamat.*
 glutaminian sodu.
 [glutam.iɲan sɔdu]
- *Nüsse.*
 orzechy. [ɔʒɛxi]

ESSEN UND TRINKEN

Wie möchten Sie Ihr Steak haben?
Jaki befsztyk pan/pani sobie życzy?
[jaci bɛfʃtik pan/paɲi sɔbˌɛ ʒitʃi]

– *gut durch*
 dobrze wysmażony
 [dɔbʒɛ vismaʒɔni]
– *halb durch*
 lekko przesmażony
 [lɛkkɔ pʃɛsmaʒɔni]
– *Englisch*
 po angielsku
 [pɔ aŋʲɛlsku]

Bitte ein Glas ...
Poproszę szklankę...
[pɔprɔʃɛ̃ ʃklaŋkɛ̃]

Bitte eine Flasche/eine halbe Flasche ...
Poproszę butelkę/pół butelki...
[pɔprɔʃɛ̃ butɛlkɛ̃/puw butɛlci]

Mit Eis, bitte.
Z lodem, proszę.
[z lɔdɛm, prɔʃɛ̃]

Guten Appetit!
Smacznego!
[smatʃnɛgɔ]

Zum Wohl!
Na zdrowie!
[na zdrɔvˌjɛ]

Haben Sie noch einen Wunsch?
Czy ma pan/pani jeszcze jakieś życzenie?
[tʃi ma pan/paɲi jɛʃtʃɛ jacɛɕ ʒitʃɛɲɛ]

Bitte bringen Sie uns ...
Proszę przynieść nam ...
[prɔʃɛ̃ pʃiɲɛɕtɕ nam]

Könnten Sie uns noch etwas Brot/Wasser/Wein bringen?
Moglibyśmy dostać jeszcze trochę chleba/wody/wina?
[mɔglˌibiɕmi dɔstatɕ jɛʃtʃɛ trɔxɛ̃ xlɛba/vɔdɨ/vˌina]

Könnten Sie bitte noch einen Kinderstuhl bringen?
Czy mógłby pan/mogłaby pani przynieść krzesełko dla dziecka?
[tʃi mugwbɨ pan/mɔgwabɨ paɲi pʃiɲɛɕtɕ kʃɛsɛwkɔ dla dʑɛtska]

Könnten Sie mir bitte das Fläschchen warm machen?
Czy mógłby pan/czy mogłaby pani podgrzać mi butelkę?
[tʃi mugwbɨ pan/mɔgwabɨ paɲi pɔdgʒatɕ mˌi butɛlkɛ̃]

Sich beschweren

Das habe ich nicht bestellt.
Ja tego nie zamawiał-em/am.
[ja tɛgɔ ɲɛ zamavˌjaw-ɛm/am]

Die Suppe ist kalt/versalzen.
Ta zupa jest zimna/za słona.
[ta zupa jɛst ʑimna/za swɔna]

Das Fleisch ist zäh/zu fett.
Mięso jest żylaste/za tłuste.
[mˌjɛ̃sɔ jɛst ʑilastɛ/za twustɛ]

Der Fisch ist nicht frisch.
Ta ryba jest nieświeża.
[ta rɨba jɛst ɲɛɕfˌjɛʒa]

Nehmen Sie es bitte zurück.
Proszę to wziąć z powrotem.
[prɔʃɛ̃ tɔ vʑɔ̃tɕ sˌpɔvrɔtɛm]

ESSEN UND TRINKEN

Bezahlen

Die Rechnung/bezahlen, bitte!
Poproszę rachunek./Chciałbym/chciałabym zapłacić.
[pɔprɔʃɛ̃ raxunɛk/xtɕawbim/xtɕawabim zapwatɕitɕ]

Das habe ich nicht gehabt. Ich hatte ...
Tego nie miał-em/am. Miał-em/am...
[tɛgɔ ɲɛ mˌaw-ɛm/am. mˌaw-ɛm/am]

Hat es geschmeckt?
Czy smakowało?
[tʃimakɔvawɔ]

Das Essen war ausgezeichnet.
Jedzenie było znakomite.
[jɛdzɛɲɛ biwɔ znakɔmˌitɛ]

Es stimmt so.
Zgadza się.
[zgadza ɕɛ̃]

Café

Was trinken Sie?
Czego się pan/pani napije?
[tʃɛgɔ ɕɛ̃ pan/paɲi napˌijɛ]

Einen frisch gepressten Orangensaft.
Sok ze świeżo wyciśniętych pomarańczy.
[sɔk zɛ ɕfjɛʒɔ vitɕiɕɲɛ̃tix pɔmaraɲtʃi]

SÜSSES MUSS

Halten Sie sich an Ostern in Polen auf, sollten Sie unbedingt **mazurek** probieren: ein dünner Mürbeteigkuchen mit süßer Masse bestrichen und mit Nüssen, Mandeln und Kandisfrüchten garniert. Köstlich!

Ich hätte gern einen Tee/mit Milch/mit Zitrone.
Poproszę herbatę/z mlekiem/z cytryną.
[pɔprɔʃɛ̃ xɛrbatɛ̃/z‿mlɛcɛm/s‿tsitrinɔ̃]

Ich möchte einen Kaffee, bitte.
Poproszę kawę.
[pɔprɔʃɛ̃ kavɛ̃]

– *... einen schwarzen Kaffee*
   ... czarną kawę
   [tʃarnɔ̃ kavɛ̃]
– *... einen Espresso*
   ... espresso
   [ɛsprɛsɔ]
– *... einen Milchkaffee*
   ... cafè au lait
   [kafɛ ɔ lɛ]
– *... einen Kaffee mit Sahne*
   ... kawę ze śmietanką
   [kavɛ̃ zɛ ɕmjɛtaŋkɔ̃]

Ein Bier vom Fass, bitte.
Piwo z beczki, proszę.
[pʲivɔ z‿bɛtʃci, prɔʃɛ̃]

Das Gleiche noch einmal, bitte.
To samo jeszcze raz, proszę.
[tɔ samɔ jɛʃtʃɛ ras, prɔʃɛ̃]

Abendessen	kolacja [kɔlatsja]
alkoholfrei	bezalkoholowy [bɛzalkɔxɔlɔvi]
Aschenbecher	popielniczka [pɔpʲɛlɲitʃka]
Besteck	sztućce *(pl)* [ʃtutɕtsɛ]
Bestellung	zamówienie [zamuvʲjɛɲɛ]
fettarm	niskotłuszczowy [ɲiskɔtwuʃtʃɔvi]
Frühstück	śniadanie [ɕɲadaɲɛ]
Gabel	widelec [vʲidɛlɛts]
Gang	danie [daɲɛ]
Gedeck	nakrycie [nakritɕɛ]
Gericht	danie [daɲɛ]; potrawa [pɔtrava]

ESSEN UND TRINKEN

Getränk	napój [napuj]
Gewürz	przyprawa [pʃiprava]
Glas	szklanka [ʃklaŋka]
Gräte	ość *(f)* [ɔɕtɕ]
hart	twardy [tfardi]
Hauptspeise	danie główne [daɲɛ gwuvnɛ]
heiß	gorący [gɔrɔntsi]
hungrig sein	być głodnym [bitɕ gwɔdnim]
kalorienarm	niskokaloryczny [niskɔkalɔritʃni]
Kellner/in	kelner/ka [kɛlnɛr/ka]
Kinderteller	porcja dziecięca [pɔrtsja dʑetɕẽtsa]
Knochen	kość *(f)* [kɔɕtɕ]
Koch	kucharz [kuxaʃ]
Korkenzieher	korkociąg [kɔrkɔtɕɔŋk]
lieblich (Wein)	słodkie [swɔtcɛ]
Löffel	łyżka [wiʃka]
Teelöffel	łyżeczka do herbaty [wiʒetʃka dɔ xɛrbati]
Menü	menu *(nt)* [mɛɲi]
Messer	nóż [nuʃ]
Mittagessen	obiad [ɔbjat]
Nachtisch	deser [dɛsɛr]
Öl	olej [ɔlɛj]
Pfeffer	pieprz [pˌɛpʃ]
Portion	porcja [pˌɔrtsja]
Salz	sól *(f)* [sul]
Schonkost	dieta [djɛta]
Senf	musztarda [muʃtarda]
Serviette	serwetka [sɛrvɛtka]
Soße	sos [sɔs]
Speisekarte	jadłospis [jadwɔspˌis]
Spezialität	specjalność *(f)* [spɛtsjalnɔɕtɕ]
Strohhalm	słomka [swɔmka]
Suppe	zupa [zupa]
Suppenteller	talerz do zupy [talɛʃ dɔ zupi]
Süßstoff	słodzik [swɔdʑik]

Tagesgericht	potrawa dnia [pɔtrava dɲa]
Tasse	filiżanka [fˌilˌiʒanka]
Teller	talerz [talɛʃ]
trocken (Wein)	wytrawne [vɨtravnɛ]
Untertasse	spodek [spɔdɛk]
vegetarisch	jarskie [jarscɛ]
Vorspeise	przystawka [pʃɨtstafka]
Wasser	woda [vɔda]
würzen	przyprawić [pʃɨpravˌitɕ]
Zahnstocher	wykałaczka [vɨkawatʃka]
Zucker	cukier [tsukɛr]

ESSEN UND TRINKEN

Spis potraw

SPEISEKARTE

ŚNIADANIE	FRÜHSTÜCK
czarna kawa [tʃarna kava]	schwarzer Kaffee
cafè au lait [kafɛ ɔ lɛ]	Milchkaffee
kawa ze śmietanką [kava zɛ ɕmjɛtaŋkɔ̃]	Kaffee mit Sahne
kawa bezkofeinowa [kava bɛskɔfɛinɔva]	koffeinfreier Kaffee
herbata z mlekiem/ z cytryną [xɛrbata z‿mlɛcɛm/s‿tsitrinɔ̃]	Tee mit Milch/mit Zitrone
herbata ziołowa [xɛrbata ʑɔwɔva]	Kräutertee
czekolada [tʃɛkɔlada]	Schokolade
sok owocowy [sɔk ɔvɔtsɔvi]	Fruchtsaft
jajko na miękko [jajkɔ na mjɛ̃kɔ]	weich gekochtes Ei
jajko na twardo [jajkɔ na tfardɔ]	hart gekochtes Ei
jajko sadzone [jajkɔ sadzɔnɛ]	Spiegelei
jajecznica na szynce [jajɛtʃnitsa na ʃintsɛ]	Rührei mit Schinken
omlet [ɔmlɛt]	Omelette
chleb/bułka/tost [xlɛp/buwka/tɔst]	Brot/Brötchen/Toast
rogalik [rɔɡalˌik]	Hörnchen
masło [maswɔ]	Butter
ser [sɛr]	Käse
wędlina [vɛndlˌina]	Wurst
szynka gotowana [ʃinka ɡɔtɔvana]	gekochter Schinken

ESSEN UND TRINKEN

szynka wędzona
[ʃinka vɛndzona] — roher Schinken
miód [mjut] — Honig
marmolada [marmɔlada] — Marmelade
dżem [dʒɛm] — Marmelade
musli (nt) [muslʲi] — Müsli
jogurt [jɔgurt] — Joghurt

PRZYSTAWKI	VORSPEISEN

befsztyk tatarski
[bɛfʃtik tatarsci] — Tatar
gotowana szynka
[gɔtɔvana ʃinka] — gekochter Schinken
jaja w majonezie
[jaja v majɔnɛzɛ] — Eier in Majonäse
kaczka w galarecie
[katʃka v‿galarɛtɕɛ] — Ente in Aspik
śledź w oleju
[ɕlɛtɕ v‿ɔlɛju] — Hering in Öl
śledź w śmietanie
[ɕlɛtɕ f‿ɕmʲɛtaɲɛ] — Hering in Sahne
węgorz wędzony
[vɛŋgɔʃ vɛndzoni] — Räucheraal
węgorz w galarecie
[vɛŋgɔʃ v‿galarɛtɕɛ] — Aal in Gelee

ZUPY	SUPPEN

barszcz z pasztecikiem
[barʃtʃ s‿paʃtɛtɕicɛm] — Rotebetesuppe mit Pastete
krupnik [krupɲik] — Graupensuppe
ogórkowa z ryżem
[ɔgurkɔva z‿riʒɛm] — Gurkensuppe mit Reis
pieczarkowa [pʲɛtʃarkɔva] — Champignonsuppe
pomidorowa z makaronem
[pɔmʲidɔrɔva z‿makarɔnɛm] — Tomatensuppe mit Nudeln

ESSEN UND TRINKEN

rosół z makaronem
[rɔsuw z‿makarɔnɛm] — Fleischbrühe mit Nudeln
rybna [ribna] — Fischsuppe
żurek [ʒurɛk] — Sauerteigsuppe

RYBY FISCH UND MEERESFRÜCHTE → ZEIGEBILDER AM KAPITELENDE

DANIA MIĘSNE	**FLEISCHGERICHTE**
antrykot [antrikɔt]	Entrecote
baranina [baraɲina]	Hammelfleisch
befsztyk z polędwicy [bɛfʃtik s‿pɔlɛndv‿itsi]	Rinderfilet
boef stroganow [bɛf strɔganɔf]	Boeuf Stroganoff
bryzol wieprzowy [brizɔl v‿ɛpʃɔvi]	Schweineschnitzel
bryzol wołowy [brizɔl vɔwɔvi]	Rinderschnitzel
cielęcina [tɕɛlɛ̃tɕina]	Kalbfleisch
golonka [gɔlɔnka]	Eisbein
gulasz [gulaʃ]	Gulasch
kotlet mielony [kɔtlɛt m‿ɛlɔni]	Frikadelle
kotlet schabowy [kɔtlɛt sxabɔvi]	Schweinskotelett
pieczeń cielęca (f) [p‿ɛtʃɛɲ tɕɛlɛntsa]	Kalbsbraten
pieczeń wieprzowa (f) [p‿ɛtʃɛɲ v‿ɛpʃɔva]	Schweinebraten
pieczeń wołowa (f) [p‿ɛtʃɛɲ vɔwɔva]	Rinderbraten
szaszłyk [ʃaʃwik]	Schaschlik
sznycel po wiedeńsku [ʃnitsɛl pɔ v‿ɛdɛɲsku]	Wiener Schnitzel
wieprzowina [v‿ɛpʃɔv‿ina]	Schweinefleisch

wątróbka [vɔntrupka]	Leber
zrazy [zrazi]	Rinderrouladen

DZICZYZNA I DRÓB — WILD UND GEFLÜGEL

dzik [dʑik]	Wildschwein
dzika kaczka [dʑika katʃka]	Wildente
gęś (f) [gɛ̃ɕ]	Gans
indyk [indik]	Pute
jeleń [jɛlɛɲ]	Hirsch
kaczka [katʃka]	Ente
królik [krulˌik]	Kaninchen
kurczak [kurtʃak]	Hähnchen
sarna [sarna]	Reh
zając [zaˌjɔnts]	Hase

DANIA Z JAJ — EIERSPEISEN

jajecznica na maśle [jajɛtʃnitsa na maɕlɛ]	Rührei auf Butter
jajecznica na szynce [jajɛtʃnitsa na ʃintsɛ]	Rührei mit Schinken
jajko na miękko [jajkɔ na mˌɛ̃kɔ]	weich gekochtes Ei
jajko na twardo [jajkɔ na tfardɔ]	hart gekochtes Ei
jajko sadzone [jajkɔ sadzɔnɛ]	Spiegelei
omlet [ɔmlɛt]	Omelette

DODATKI — BEILAGEN

fasolka szparagowa [fasɔlka ʃparagɔva]	Schnittbohnen
fasolka zielona [fasɔlka ʑɛlɔna]	grüne Bohnen
frytki [fritci]	Pommes frites

ESSEN UND TRINKEN

kalafior [kalafˌɔr]	Blumenkohl
makaron [makarɔn]	Nudeln
mizeria [mˌizɛrˌja]	Gurkensalat
pieczarki [pˌɛtʃarci]	Champignons
ryż [riʃ]	Reis
surówka [suru̇fka]	Rohkostsalat
~ z czerwonej kapusty [sˌtʃɛrvɔnɛj kapusti]	Rotkrautsalat
~ z czerwonych buraczków [sˌtʃɛrvɔnix buratʃkuf]	Rotebete-Salat
~ z kapusty kiszonej [sˌkapusti ciʃɔnɛj]	Sauerkrautsalat
~ z marchwi [zˌmarxfˌi]	Karottensalat
~ z pomidorów [sˌpɔmˌidɔruf]	Tomatensalat
szparagi [ʃparaɟi]	Spargel
szpinak [ʃpˌinak]	Spinat
zielona sałata [ʑɛlɔna sawata]	grüner Salat
ziemniaki [ʑɛmɲaci]	Kartoffeln
~ purée [pˌirɛ]	Kartoffelpüree
~ smażone [smaʒɔnɛ]	Bratkartoffeln

POTRAWY NARODOWE — **NATIONALGERICHTE**

barszcz czerwony czysty [barʃtʃ tʃɛrvɔni tʃisti]	klare Rote-Bete-Suppe
bigos [bˌigɔs]	Bigos (Sauerkraut mit Wurst und Fleisch, gedünstet)
flaczki wołowe (pl) [flatʃci vɔwɔvɛ]	Pansensuppe
gołąbki [gɔwɔmpci]	Kohlrouladen
grochówka [grɔxufka]	Erbsensuppe
kapuśniak [kapuɕɲak]	Kohlsuppe
naleśniki [nalɛɕɲici]	Crêpes/Pfannkuchen
pierogi [pˌiɛrɔɟi]	Piroggen (gefüllte Teigtaschen)

DESERY	**NACHSPEISEN**
bita śmietana [bˌita ɕmˌɛtana]	Schlagsahne
budyń [budiɲ]	Pudding
galaretka owocowa [galarɛtka ɔvɔtsɔva]	Obstgelee
gruszka [gruʃka]	Birne
jabłko [japkɔ]	Apfel
kisiel [ciɕɛl]	geleeartige Obstnachspeise
krem czekoladowy [krɛm tʃɛkɔladɔvi]	Schokoladencreme
lody (pl) [lɔdi]	Eis
pomarańcza [pɔmaraɲtʃa]	Orange
truskawki [truskafci]	Erdbeeren

KAWIARNIA	**CAFÉ**
herbata [xɛrbata]	Tee
herbata z cytryną [xɛrbata sˌtsitrinɔ̃]	Tee mit Zitrone
kawa czarna [kava tʃarna]	schwarzer Kaffee
kawa mrożona [kava mrɔʒɔna]	Eiskaffee
kawa z mlekiem [kava zˌmlɛcɛm]	Kaffee mit Milch

LODY	**EIS**
cytrynowe [tsitrinɔvɛ]	Zitroneneis
czekoladowe [tʃɛkɔladɔvɛ]	Schokoladeneis
malinowe [malˌinɔvɛ]	Himbeereis
truskawkowe [truskafkɔvɛ]	Erdbeereis
waniliowe [vaɲilˌɔvɛ]	Vanilleeis

CIASTO	**KUCHEN**
drożdżówka [drɔʒdʒufka]	Hefekuchen
makowiec [makɔvˌɛts]	Mohnkuchen

ESSEN UND TRINKEN

pączki [pɔñtʃci]	Berliner
tort [tɔrt]	Torte

Spis napojów

GETRÄNKEKARTE

NAPOJE BEZALKOHOLOWE	ALKOHOLFREIE GETRÄNKE
sok [sɔk]	Saft
~ jabłkowy [japkɔvi]	Apfelsaft
~ pomarańczowy [pɔmaraɲtʃɔvi]	Orangensaft
~ z czarnej porzeczki [s tʃarnɛj pɔʒetʃci]	Saft aus schwarzen Johannisbeeren
tonic [tɔnik]	Tonicwater
woda mineralna [vɔda mˌinɛralna]	Mineralwasser

NAPOJE ALKOHOLOWE	ALKOHOLISCHE GETRÄNKE
koniak [kɔnjak]	Kognak
likier [lˌicɛr]	Likör
piwo [pˌivɔ]	Bier
szampan [ʃampan]	Champagner, Sekt
winiak [vˌinak]	Weinbrand
wino [vˌinɔ]	Wein
~ białe [bˌjawɛ]	Weißwein
~ czerwone [tʃɛrvɔnɛ]	Rotwein
~ słodkie [swɔtcɛ]	lieblich
~ wytrawne [vɨtravnɛ]	trocken
~ półwytrawne [puwvɨtravnɛ]	halbtrocken
wódka [vutka]	Wodka

Fisch und Meeresfrüchte

Auster
ostryga
[ɔstriga]

Fischfilet
filet
[filet]

Flusskrebs
rak
[rak]

Forelle
pstrąg
[pstrɔŋk]

Garnele
krewetka
[krɛvɛtka]

Heilbutt
halibut
[xalibut]

Herzmuschel
sercówka
[sɛrtsufka]

Hummer
homar
[xɔmar]

ESSEN UND TRINKEN

Kabeljau
dorsz
[dɔrʃ]

Krake
ośmiornica
[ɔɕmjɔrɲitsa]

Krebs
rak
[rak]

Makrele
makrela
[makrela]

Miesmuschel
mule
[mulɛ]

Sardine
sardynka
[sardinka]

Scholle
gładzica
[gwadʑitsa]

Seeteufel
żabnica
[ʒabɲitsa]

Seezunge
sola
[sɔla]

Tintenfisch
mątwa
[mɔntfa]

Tunfisch
tuńczyk
[tuĳtʃik]

Venusmuschel
muszla Wenus
[muʃla vɛnus]

Frühstück

Baguette
bagietka
[bagjɛtka]

Butter
masło
[maswɔ]

Croissant
croissant
[kruasaw̃]

Honig
miód
[mjut]

Cornflakes
płatki
kukurydziane
[pwatki
kukuridʑiɲɛ]

Erdnussbutter
masło
orzechowe
[maswɔ
ɔʒɛxɔvɛ]

gekochtes Ei
ugotowane
jajko
[ugɔtɔvanɛ
jajkɔ]

Knäckebrot
pieczywo chrupkie
[pjɛtʃivɔ
xrupkjɛ]

Joghurt
jogurt
[jɔgurt]

Kaffee
kawa
[kava]

Käse
ser
[sɛr]

Marmelade
marmolada
[marmɔlada]

Milch
mleko
[mlekɔ]

Omelett
omlet
[ˈɒmlət]

Rührei
jajecznica
[jajɛtʃnitsa]

Saft
sok
[sɔk]

Schwarzbrot
chleb razowy
[xlɛp razɔvi]

Spiegelei
jajko sadzone
[jajkɔ sadzɔnɛ]

Tee
herbata
[xɛrbata]

Toast
tost
[tɔst]

Gemüse

Aubergine
bakłażan
[bakwaʒan]

Avocado
awokado
[avɔkadɔ]

Brokkoli
brokuł
[brɔkuw]

Champignons
pieczarka
[pjɛtʃarka]

Chilischote
chili
[tʃili]

Erbsen
groch
[grɔx]

Gurken
ogórek
[ɔgurɛk]

Karotten
marchew
[marxɛf]

ESSEN UND TRINKEN

Kartoffeln
zimniaki
[ʑemɲaki]

Knoblauch
czosnek
[tʃɔsnɛk]

Kopfsalat
sałata
[sawata]

Kürbis
dynia
[diɲa]

Lauch
por
[pɔr]

Oliven
oliwki
[ɔlˌifci]

Paprika
papryka
[paprika]

Radieschen
rzodkiewka
[ʒɔtkjɛfka]

Spinat
szpinak [ʃpˌinak]

Tomate
pomidor
[pɔmˌidɔr]

Zucchini
cukinia
[tsukiɲa]

Zwiebel
cebula
[tsɛbula]

Obst

Äpfel
jabłko
[japkɔ]

Aprikose
morela
[mɔrɛla]

Bananen
banan
[banan]

Birne
gruszka
[gruʃka]

Cashewnüsse
orzech nerkowca
[ɔʒɛxi nɛrkɔftsa]

Erdbeere
truskawka
[truskafka]

Feige
figa
[figa]

Haselnüsse
orzechy laskowe
[ɔʒɛxi laskɔvɛ]

Himbeere
malina
[malina]

Kirsche
wiśnia
[viɕɲa]

Kiwis
kiwi
[kivi]

Limette
lima
[lima]

Mango
mango
[maŋgɔ]

Nektarine
nektarynka
[nɛktarinka]

Orange
pomarańcza
[pɔmarajntʃa]

Papaya
papaja
[papaja]

Pfirsiche
brzoskwinia
[bʒɔskfiɲa]

Pflaume
śliwka
[ɕlifka]

Weintrauben
winogrono
[vinɔgrɔnɔ]

Zitrone
cytryna
[tsitrina]

EINKAUFEN

Einkaufstour	76
Geschäfte	77
Lebensmittel kaufen	79
Bücher, Zeitschriften und Schreibwaren	86
Drogerieartikel	87
Elektroartikel/Computer	88
Fotoartikel	89
Haushaltsartikel	90
Etwas zum Anziehen	91
Beim Optiker	95
Souvenirs kaufen	96
Im Tabakladen	96
Uhren und Schmuck	97
Einkaufen - Zeigebilder	98

Einkaufstour

Ich möchte ...
Chciałbym/chciałabym...
[xtɕawbim/xtɕawabim]

Haben Sie ...?
Czy ma pan/pani...?
[tʃi ma pan/paɲi]

REKLAMIEREN

Ich möchte das bitte zurückgeben
Chciałbym/chciałabym to zwrócić.
[xtɕawbim/xtɕawabim tɔ zvrutɕitɕ]

Es ist beschädigt/kaputt.
To jest uszkodzone/zepsute.
[tɔ jɛst uʃkɔdzɔnɛ/zɛpsutɛ]

Kann ich das umtauschen?
Czy mogę to wymienić?
[tʃi mɔgẽ tɔ vimˌɛɲitɕ]

RUND UM DIE UHR

Die Ladenöffnungszeiten sind sehr kundenorientiert. Viele Geschäfte sind an sieben Tagen in der Woche geöffnet. Es gibt viele Läden, die die ganze Nacht über Lebensmittel und Alkohol verkaufen (**sklep całodobowy**). Die großen Einkaufszentren sind täglich bis 22 Uhr geöffnet, manche noch länger. Die genauen Öffnungszeiten finden Sie in der lokalen Presse.

Populär sind auch Märkte in den Vororten der Großstädte, wo man Billigwaren aller Art erstehen kann.

Geschäfte

Entschuldigen Sie bitte, wo finde ich …?
Przepraszam, gdzie znajdę…?
[pʃepraʃam, gdʑe znajdɛ̃]

Apotheke	apteka [aptɛka]
Bäckerei	piekarnia [pʲɛkarɲa]
Blumengeschäft	kwiaciarnia [kfʲjatɕarɲa]
Computerfachgeschäft	sklep komputerowy [sklɛp kɔmputɛrɔvi]
Drogerie	drogeria [drɔɡɛrʲja]
Elektrohandlung	sklep z artykułami elektrycznymi [sklɛp z‿artikuwamʲi ɛlɛktritʃnimʲi]
Feinkostgeschäft	delikatesy *(pl)* [dɛlʲikatɛsi]
Fischgeschäft	sklep rybny [sklɛp ribni]
Fotogeschäft	sklep z artykułami fotograficznymi [sklɛp z‿artikuwamʲi fɔtɔɡrafʲitʃnimʲi]
Friseur	fryzjer [frizjɛr]
Handyladen	sklep sieci telefonii komórkowej [sklɛp ɕɛtɕi tɛlɛfɔɲi kɔmurkɔvɛj]

EINKAUFEN

Juwelier	jubiler [jubˌilɛr]
Konditorei	cukiernia [tsucɛrɲa]
Kunsthändler	galeria [galɛrja]
Lebensmittelgeschäft	sklep spożywczy [sklɛp spɔʒiftʃi]
Markt	targ [tark]
Metzgerei	sklep mięsny [sklɛp mˌẽsni]; rzeźnik *(fam)* [ʒɛʒnik]
Obst- und Gemüsehändler ...	sklep warzywniczy [sklɛp vaʒivɲitʃi]
Optiker	optyk [ɔptik]
Parfümerie	perfumeria [pɛrfumɛrˌja]
Reinigung	pralnia chemiczna [pralɲa xɛmˌitʃna]
Reisebüro	biuro podróży [bˌjurɔ pɔdruʒi]
Schneider/in	krawiec/krawcowa [kravˌɛts/kraftsɔva]
Schreibwarengeschäft	sklep papierniczy [sklɛp papˌɛrɲitʃi]
Schuhgeschäft	sklep obuwniczy [sklɛp ɔbuvɲitʃi]
Schuhmacher	szewc [ʃɛfts]
Souvenirladen	sklep z pamiątkami [sklɛp sˌpamˌiɔntkamˌi]
Spielwarengeschäft	sklep z zabawkami [sklɛp zˌzabafkamˌi]
Spirituosengeschäft	sklep monopolowy [sklɛp mɔnɔpɔlɔvi]
Sportartikel	artykuły sportowe [artikuwi spɔrtɔvɛ]
Supermarkt	supermarket [supɛrmarkɛt]
Süßwarengeschäft	sklep ze słodyczami [sklɛp zɛ swɔditʃamˌi]
Tabakladen	kiosk z papierosami [kˈjɔsk sˌpapˌɛrɔsamˌi]
Trödler	handlarz starzyzną [xandlaʃ staʒiznɔ̃]
Uhrmacher	zegarmistrz [zɛgarmˌistʃ]
Wäscherei	pralnia [pralɲa]

Waschsalon — salon pralniczy [salɔn pralɲitʃi]
Weinhandlung — sklep z winem [sklɛp z‿vˌinɛm]
Zeitungshändler — kiosk z gazetami [kjɔsk z‿gazɛtamˌi]

Lebensmittel kaufen

Geben Sie mir bitte ...
Proszę... [prɔʃɛ̃]

– ein Kilo ...
kilogram... [cilɔgram]
– 10 Scheiben ...
10 plasterków... [dʑɛɕɛntɕ plastɛrkuf]
– ein Stück von ...
kawałek... [kavawɛk]
– eine Packung ...
paczkę... [patʃkɛ̃]
– eine Einkaufstüte.
torebkę plastikową.
[tɔrɛpkɛ̃ plastˌikɔvɔ̃];
reklamówkę. [rɛklamufkɛ̃]

Bitte schneiden Sie es in Scheiben.
Proszę pokroić w plastry.
[prɔʃɛ̃ pɔkrɔitɕ f‿plastrɨ]

Darf es noch etwas sein?
Czy coś jeszcze? [tʃɨ tsɔɕ jɛʃtʃɛ]

Danke, das ist alles.
Dziękuję, to wszystko.
[dʑɛŋkujɛ̃, tɔ fʃɨstkɔ]

Was ist das?
Co to jest? [tsɔ tɔ jɛst]

Kann ich es probieren?
Czy mogę spróbować?
[tʃɨ mɔgɛ̃ sprubɔvatɕ]

Verkaufen Sie ...?
Czy mają Państwo w sprzedaży...?
[tʃɨ majɔ̃ paɲstfɔ f‿spʃedaʃi]

- *Bioprodukte*
  produkty ekologiczne
  [prɔdukti ɛkɔlɔgitʃnɛ]
- *Produkte aus der Region*
  produkty regionalne
  [prɔdukti rejɔnalnɛ]

abgelaufen	nieważny [nɛvaʒnɨ]
Haltbarkeit	przydatność do spożycia [pʃɨdatnɔɕtɕ dɔ spɔʒɨtɕa]
ohne Konservierungsstoffe	bez konserwantów [bɛs kɔnsɛrvantuf]

OBST	OWOCE
Ananas	ananas [ananas]
Äpfel	jabłka [japka]
Apfelsinen	pomarańcze [pɔmaraɲtʃɛ]
Aprikosen	morele [mɔrɛlɛ]
Bananen	banany [banani]
Birnen	gruszki [gruʃci]
Brombeeren	jeżyny [jɛʒɨnɨ]
Datteln	daktyle [daktɨlɛ]
Erdbeeren	truskawki [truskafci]
Feigen	figi [fʲigi]
Grapefruit	grejpfruty *(pl)* [grɛjpfrutɨ]
Kirschen	wiśnie [vʲiɕɲɛ]; czereśnie [tʃɛrɛɕɲɛ]
Kiwi	kiwi *(n)* [civi]
Kokosnuss	orzech kokosowy [ɔʒɛx kɔkɔsɔvɨ]
Mandarinen	mandarynki [mandarɨnci]
Mandeln	migdały [mʲigdawɨ]
Mango	mango [maŋgɔ]
Melone	melon [mɛlɔn]
- *Honigmelone*	melon żółty [mɛlɔn ʒuwtɨ]
- *Wassermelone*	arbuz [arbus]

EINKAUFEN

Nüsse	orzechy [ɔʒɛxɨ]
Obst	owoce *(pl)* [ɔvɔtsɛ]
Pfirsiche	brzoskwinie [bʒɔskfʲiɲɛ]
Pflaumen	śliwki [ɕlʲifci]
Weintrauben	winogrona [vʲinɔgrɔna]
Zitronen	cytryny [tsɨtrɨnɨ]

GEMÜSE	**WARZYWA**
Artischocken	karczochy [kartʃɔxɨ]
Auberginen	bakłażani [bakwaʒanɨ]
Avocado	awokado [avɔkadɔ]
Blumenkohl	kalafior [kalafʲɔr]
Bohnen	fasola [fasɔla]
– grüne Bohnen	fasolka zielona [fasɔlka ʑɛlɔna]
– weiße Bohnen	fasola biała [fasɔla bjawa]
Chicorée	cykoria [tsɨkɔrʲja]
Erbsen	groch [grɔx]
Fenchel	koper włoski [kɔpɛr vwɔsci]; fenkuł [fɛnkuw]
Gemüse	warzywa *(pl)* [vaʒɨva]; jarzyny *(pl)* [jaʒɨnɨ]
Gurke	ogórek [ɔgurɛk]
Karotten	marchew *(f)* [marxɛf]
Kartoffeln	ziemniaki [ʑɛmɲaci]
Kichererbsen	ciecierzyca [tɕɛtɕɛʑɨtsa]
Knoblauch	czosnek [tʃɔsnɛk]
Kohl	kapusta [kapusta]
Kürbis	dynia [dɨɲa]
Lauch	por [pɔr]
Linsen	soczewica [sɔtʃɛvʲitsa]
Mais	kukurydza [kukurɨdza]
Oliven	oliwki [ɔlʲifci]
Paprika(schote)	papryka [paprɨka]
Petersilie	pietruszka [pʲɛtruʃka]
Salat	sałata [sawata]
Kopfsalat	sałata zielona [sawata ʑɛlɔna]
Sellerie	seler [sɛlɛr]
Spargel	szparagi [ʃparaɟi]
Spinat	szpinak [ʃpʲinak]

EINKAUFEN

Tomaten	pomidory [pɔmˌidɔri]
Zucchini	cukinia [tsuciɲa]
Zwiebel	cebula (f) [tsɛbula]

BACKWAREN, SÜSSWAREN ...	PIECZYWO, SŁODYCZE...
Bonbons	cukierki [tsucɛrci]
Brot	chleb [xlɛp]
– *Schwarzbrot*	chleb razowy [xlɛp razɔvi]
– *Vollkornbrot*	chleb pełnoziarnisty [xlɛp pɛwnɔʑarɲisti]
– *Weißbrot*	chleb pszenny [xlɛp pʃɛnni]
Brötchen	bułka [buwka]
– *belegtes Brötchen*	kanapka [kanapka]
Eis	lody (pl) [lɔdi]
Gebäck	pieczywo [pʲɛtʃivɔ]
Honig	miód [mʲut]
Kaugummi	guma do żucia [guma dɔ ʒutɕa]
Kekse	ciasteczka [tɕastɛtʃka]
Kuchen	ciasto [tɕastɔ]
Marmelade	marmolada [marmɔlada]; dżem [dʒɛm]
Müsli	musli (n) [muslʲi]
Schokolade	czekolada [tʃɛkɔlada]
Schokoriegel	baton czekoladowy [batɔn tʃɛkɔladɔvi]
Schokotafel	tabliczka czekolady [tablʲitʃka tʃɛkɔladi]
Süßigkeiten	słodycze [swɔditʃɛ]
Toast	tost [tɔst]; grzanka [gʒanka]

EIER UND MILCHPRODUKTE	JAJKA I PRODUKTY MLECZNE
Butter	masło [maswɔ]
Buttermilch	maślanka [maɕlaŋka]

Eier	jajka [jajka]
Joghurt	jogurt [jɔgurt]
Käse	ser [sɛr]
Milch	mleko [mlɛkɔ]
Quark	twarożek [tfarɔʒɛk]
Sahne	śmietana [ɕmˌɛtana]
saure Sahne	kwaśna śmietana [kfaɕna ɕmˌɛtana]
Schlagsahne	bita śmietana [bˌita ɕmˌɛtana]

FLEISCH UND WURSTWAREN — MIĘSO I WĘDLINY

Aufschnitt	pokrojona wędlina różnego rodzaju [pɔkrɔjɔna vɛndlˌina ruʒnɛgɔ rɔdzaju]
Fleisch	mięso [mˌẽsɔ]
Gulasch	gulasz [gulaʃ]
Hackfleisch	mięso mielone [mˌẽsɔ mˌɛlɔnɛ]
Hähnchen	kurczak [kurtʃak]
Hammelfleisch	baranina [baraɲina]
Kalbfleisch	cielęcina [tɕɛlẽtɕina]
Kaninchen	królik [krulˌik]
Kotelett	kotlet [kɔtlɛt]
Lammfleisch	jagnięcina [jagɲɛntɕna]
Leberpastete	wątrobianka [vɔntrɔbˌanka]
Rindfleisch	wołowina [vɔwɔvˌina]
Salami	salami *(n)* [salamˌi]
Schinken	szynka [ʃinka]
– gekochter Schinken	szynka gotowana [ʃinka gɔtɔvana]
– roher Schinken	szynka wędzona [ʃinka vɛndzɔna]
Schweinefleisch	wieprzowina [vˌjɛpʃɔvˌina]
Wurst	wędlina [vɛndlˌina]
Würstchen	kiełbaski *(pl)* [cɛwbasci]

FISCH UND MEERESFRÜCHTE	**RYBY I OWOCE MORZA**
Aal	węgorz [vɛ̃ŋgɔʃ]
Austern	ostrygi [ɔstriɟi]
Barsch	okoń [ɔkɔɲ]
Fisch	ryba [riba]
Garnelen	krewetki [krɛvɛtci]
Goldbrasse	leszczak [lɛʃtʃak]
Hering	śledź [ɕlɛtɕ]
Krabben	kraby [krabi]
Krebs	rak [rak]
Makrele	makrela [makrɛla]
Miesmuscheln	małże [mawʒɛ]
Muscheln	muszle [muʃlɛ]
Schwertfisch	ryba miecz [riba mˌɛtʃ]
Seezunge	sola [sɔla]
Thunfisch	tuńczyk [tuɲtʃik]
Tintenfisch	kałamarnica [kawamarɲitsa]

GEWÜRZE	**PRZYPRAWY**
Basilikum	bazylia [bazilja]
Bohnenkraut	cząber [tʃomber]
Chili	chili *(nt)* [tʃili]
Dill	koperek [kɔpɛrɛk]
Kerbel	trybula [tribula]
Knoblauch	czosnek [tʃɔsnɛk]
Koriander	kolendra [kɔlɛndra]
Liebstöckl	lubczyk [luptʃik]
Lorbeer	liść laurowy [lˌiɕtɕ lawrɔvi]
Majoran	majeranek [majɛranɛk]
Oregano	oregano [ɔrɛganɔ]
Peperoni	peperoni *(nt)* [pɛpɛrɔɲi]
Petersilie	pietruszka [pˌɛtruʃka]
Pfeffer	pieprz [pˌɛpʃ]
Rosmarin	rozmaryn [rɔzmarin]
Salbei	szałwia [ʃawvja]
Schnittlauch	szczypiorek [ʃtʃipjɔrɛk]
Thymian	tymianek [timjanɛk]
Zwiebel	cebula [tsɛbula]

GETRÄNKE	**NAPOJE**

Apfelsaft — sok jabłkowy [sɔk japkɔvɨ]
Bier — piwo [pʲivɔ]
- alkoholfreies Bier — piwo bezalkoholowe [pʲivɔ bɛsalkɔxɔlɔvɛ]

Champagner — szampan [ʃampan]
Kaffee — kawa [kava]
- koffeeinfreier Kaffee — kawa bezkofeinowa [kava bɛskɔfɛinɔva]

Limonade — lemoniada [lɛmɔɲada]
Mineralwasser — woda mineralna [vɔda mʲinɛralna]

- mit/ohne Kohlensäure — gazowana/niegazowana [gazɔvana/ɲɛgazɔvana]

Orangensaft — sok pomarańczowy [sɔk pɔmaraɲtʃɔvɨ]

Tee — herbata [xɛrbata]
- Grüner Tee — herbata zielona [xɛrbata ʑɛlɔna]
- Früchtetee — herbata owocowa [xɛrbata ɔvɔtsɔva]
- Hagebuttentee — herbata z dzikiej róży [xɛrbata z‿d͡ʑicɛj ruʒɨ]
- Kamillentee — herbata rumiankowa [xɛrbata rumʲjankɔva]
- Kräutertee — herbata ziołowa [xɛrbata ʑɔwɔva]
- Pfefferminztee — herbata miętowa [xɛrbata mʲɛ̃tɔva]
- Rooibostee — herbata rooibos [xɛrbata rɔjbɔs]
- Schwarztee — herbata czarna [xɛrbata tʃarna]
- Teebeutel — torebka herbaty ekspresowej [tɔrɛpka xɛrbatɨ ɛksprɛsɔvɛj]

Wein — wino [vʲinɔ]
- Rosé — wino różowe [vʲinɔ ruʒɔvɛ]
- Rotwein — wino czerwone [vʲinɔ tʃɛrvɔnɛ]
- Weißwein — wino białe [vʲinɔ bʲjawɛ]

EINKAUFEN

Bücher, Zeitschriften und Schreibwaren

Ich hätte gern ...
Poproszę...
[pɔprɔʃɛ̃]

- *eine deutsche Zeitung.*
  niemiecką gazetę.
  [ɲɛmˌɛtskɔ̃ gazɛtɛ̃]
- *eine Zeitschrift.*
  czasopismo.
  [tʃasɔpˌismɔ]
- *einen Reiseführer.*
  przewodnik.
  [pʃɛvɔdɲik]
- *eine Wanderkarte dieser Gegend.*
  mapę turystyczną tej okolicy.
  [mapɛ̃ turistitʃnɔ̃ tɛj ɔkɔlˌitsi]

BÜCHER, ZEITSCHRIFTEN UND ZEITUNGEN

Buch	książka [kɕɔ̃ʃka]
Comic-Heft	komiks [kɔmˌiks]
Frauenzeitschrift	czasopismo kobiece [tʃasɔpˌismɔ kɔbˌɛtsɛ]
Illustrierte	magazyn ilustrowany [magazin ilustrɔvani]; czasopismo ilustrowane [tʃasɔpˌismɔ ilustrɔvanɛ]
Kochbuch	książka kucharska [kɕɔ̃ʃka kuxarska]
Landkarte	mapa [mapa]
Reiseführer	przewodnik [pʃɛvɔdɲik]
Stadtplan	plan miasta [plan mˌjasta]
Straßenkarte	mapa drogowa [mapa drɔgɔva]
Tageszeitung	gazeta codzienna [gazɛta tsɔdʑɛnna]
Zeitschrift	czasopismo [tʃasɔpˌismɔ]
Zeitung	gazeta [gazɛta]

SCHREIBWAREN

Ansichtskarte — widokówka [vˌidɔkufka]
Bleistift — ołówek [ɔwuvɛk]
Briefumschlag — koperta [kɔpɛrta]
Farbstift — kredka [krɛtka]
Kugelschreiber — długopis [dwugɔpˌis]
Malbuch — kolorowanka [kɔlɔrɔvanka]
Notizblock — notatnik [nɔtatɲik]; notes [nɔtɛs]
Papier — papier [papˌɛr]
Schreibwaren — artykuły papiernicze [artikuwɨ papˌɛrɲitʃɛ]

Drogerieartikel

allergiegetestet — alergologiczny [alɛrjɔlɔɟitʃnɛ]
Babynahrung — jedzenie dla niemowląt [jɛdzɛɲɛ dla ɲɛmɔvlɔnt]
Creme — krem [krɛm]
Drogerieartikel — artykuły drogeryjne [artikuwɨ drɔgɛrijnɛ]
Faden — nitka [ɲitka]
Gesichtscreme — krem do twarzy [krɛm dɔ tfaʃi]
Haargel — żel do włosów [ʒɛl dɔ vwɔsuf]
Handcreme — krem do rąk [krɛm dɔ rɔ̃k]
Kamm — grzebień [gʒɛbˌɛɲ]
Knopf — guzik [guʑik]
Lichtschutzfaktor — współczynnik ochrony przed promieniami słonecznymi [fspuwtʃɨɲɲik ɔxrɔnɨ pʃɛt prɔmˌɛɲamˌi swɔnɛtʃnɨmˌi]
Mückenschutz — ochrona przed komarami [ɔxrɔna pʃɛt kɔmarami]
Nadel — igła [igwa]
Papiertaschentücher — chusteczki higieniczne [xustɛtʃci çiɟɛɲitʃnɛ]

EINKAUFEN

Rasierklingen	żyletki do golenia [ʒilɛtɕ͡ɕi dɔ gɔlɛɲa]
Rasierpinsel	pędzel do golenia [pɛndʑɛl dɔ gɔlɛɲa]
Rasierwasser	woda po goleniu [vɔda pɔ gɔlɛɲu]
Reinigungsmilch	mleczko do twarzy [mlɛt͡ʃkɔ dɔ tfaʃi]
Sauger	smoczek [smɔt͡ʃɛk]
Schnuller	smoczek [smɔt͡ʃɛk]
Sonnenmilch	mleczko do opalania [mlɛt͡ʃkɔ dɔ ɔpalaɲa]
Sonnenöl	olejek do opalania [ɔlɛjɛk dɔ ɔpalaɲa]
Spiegel	lustro [lustrɔ]
Spülmittel	płyn do mycia naczyń [pwin dɔ mit͡ɕa nat͡ʃiɲ]
Spültuch	ścierecka [ɕt͡ɕɛrɛt͡ʃka]
Waschlappen	myjka [mijka]
Waschmittel	środek do prania [ɕrɔdɛk dɔ praɲa]
Wattestäbchen	waciki do uszu [vat͡ɕiki dɔ uʃu]
Windeln	pieluchy [pʲɛluxi]
Zahnseide	nić *(f)* dentystyczna [ɲit͡ɕ dɛntistit͡ʃna]
Zahnstocher	wykałaczka [vikawat͡ʃka]

Elektroartikel/Computer

Adapter	adapter [adaptɛr]; łącznik [wɔnt͡ʃnik]
Batterie	bateria [batɛrja]
CD/DVD	płyta CD/DVD [pwita sʲidi/divʲidi]
Drucker	drukarka [drukarka]
Föhn	suszarka do włosów [suʃarka dɔ vwɔsuf]

Glühbirne	żarówka [ʒarufka]
Handy	telefon komórkowy [tɛlɛfɔn kɔmurkɔvɨ]
Kopfhörer	słuchawki [swuxafci]
Ladegerät	ładowarka [wadɔvarka]
Ladekabel	kabel do zasilania [kabɛl dɔ zaɕilaɲa]
Laptop	laptop [lɛptɔp]
Lautsprecher	głośnik [gwɔɕɲik]
Memorystick	pamięć USB [pamʲɛ̃tɕ uɛsbɛ]
MP3-Player	MP trójka [ɛmpʲi trujka]
Notebook	notebook [nɔtbuk]
Smartphone	smartfon [smartfɔn]
Speicherkarte	karta pamięci [karta pamʲɛ̃tɕi]
Stecker	wtyczka [ftɨtʃka]
Tablet-PC	tablet [tablɛt]
USB-Stick	pendrive [pɛndrajf]
Verlängerungsschnur	przedłużacz [pʃɛdwuʒatʃ]

Fotoartikel

Ich brauche ... für diese Kamera.
Potrzebuję do mojego aparatu...
[pɔtʃɛbujɛ̃ dɔ mɔjɛgɔ aparatu]

- *eine Speicherkarte*
  kartę pamieci.
  [kartɛ̃ pamʲɛ̃ɕi]
- *Akkus*
  baterii.
  [batɛrji]
- *einen Film*
  filmu.
  [filmu]

Ich brauche Passfotos.
Potrzebne mi są zdjęcia paszportowe.
[pɔtʃɛbnɛ mʲi sɔ̃ zdjɛɲtɕa paʃpɔrtɔvɛ]

Das ist kaputt. Können Sie es bitte reparieren?
To jest zepsute. Czy może pan/pani to zreperować/
naprawić? [tɔ jɛst zɛpsutɛ. tʃi mɔʒɛ pan/
pani tɔ zrɛpɛrɔvatɕ/naprav̩itɕ]

Auslöser	wyzwalacz [vizvalatʃ]
Blitzgerät	lampa błyskowa [lampa bwiskɔva]
Digitalkamera	aparat cyfrowy [aparat tsifrɔvi]
Einwegkamera	jednorazowy aparat fotograficzny [aparat fɔtɔgrafitʃni]
Filmempfindlichkeit	czułość *(f)* filmu [tʃuwɔɕtɕ f̩ilmu]
Linse	soczewka [sɔtʃɛfka]
Objektiv	objektyw [ɔbjɛktif]
Stativ	statyw [statif]
Unterwasserkamera	aparat do zdjęć podwodnych [aparat dɔ zdjɛntɕ pɔdvɔdnix]

Haushaltsartikel

Abfallbeutel	worek na śmieci [vɔrɛk na ɕm̩jɛtɕi]
Alufolie	folia aluminiowa [fɔl̩ja alum̩injɔva]
Bindfaden	sznurek [ʃnurɛk]
Dosenöffner	otwieracz do puszek [otf̩ɛratʃ dɔ puʃɛk]
Draht	drut [drut]
Flaschenöffner	otwieracz do butelek [otf̩ɛratʃ dɔ butɛlɛk]
Frischhaltefolie	folia spożywcza [fɔl̩ja spɔʒiftʃa]
Glas	szklanka [ʃklaŋka]
Grill	grill [gril]
Grillkohle	węgiel drzewny [vɛ̃j̩ɛl dʒɛvni]
Haushaltswaren	artykuły gospodarstwa domowego [artikuwi gɔspɔdarstfa dɔmɔvɛgɔ]
Insektenspray	spray na owady [sprɛj na ɔvadi]

Korkenzieher	korkociąg [kɔrkɔtɕɔŋk]
Kühlelement	wkład do lodówki turystycznej [fkwad dɔ lɔdufci turistitʃnɛj]
Kühltasche	lodówka turystyczna [lɔdufka turistitʃna]
Nadel	igła [igwa]
Plastikbesteck	sztućce plastikowe [ʃtutɕtsɛ plastikɔvɛ]
Plastikbeutel	torebka plastykowa [tɔrɛpka plastikɔva]
Schere	nożyce (pl) [[nɔʒitsɛ]
Servietten	serwetki [sɛrvɛtci]
Sicherheitsnadel	agrafka [agrafka]
Streichhölzer	zapałki [zapawki]
Taschenmesser	scyzoryk [stsizɔrik]
Thermosflasche®	termos [tɛrmɔs]
Trinkflasche	butelka do picia [butɛlka dɔ pi̯itɕa]
Wäscheklammern	spinacze do bielizny [spi̯inatʃɛ dɔ bi̯ɛli̯izni]

Etwas zum Anziehen

FARBEN

beige	beżowy [bɛʒɔvi]
blau	niebieski [ɲɛbjɛsci]
braun	brązowy [brɔ̃zɔvi]
einfarbig	jednokolorowy [jɛdnɔkɔlɔrɔvi]
farbig	kolorowy [kɔlɔrɔvi]
gelb	żółty [ʒuwti]
goldfarben	złocisty [zwɔtɕisti]
grün	zielony [ʑɛlɔni]
lila	lila [li̯ila]
orange	pomarańczowy [pɔmaraɲtʃɔvi]
rosa	różowy [ruʒɔvi]
rot	czerwony [tʃɛrvɔni]
schwarz	czarny [tʃarni]

silberfarben	srebrzysty [srɛbʒisti]
türkis	turkusowy [turkusɔvi]
violett	fioletowy [fɔlɛtɔvi]
weiß	biały [bjawi]

KLEIDUNG

Können Sie mir bitte ... zeigen?
Czy może mi pan/pani pokazać...?
[tʃi mɔʒɛ mi pan/paɲi pɔkazatɕ]

Kann ich es anprobieren?
Czy mogę to przymierzyć?
[tʃi mɔgẽ tɔ pʃimˌɛʒitɕ]

Das ist mir zu ...
To jest dla mnie za...
[tɔ jɛst dla mɲɛ za]

– *eng/weit.*
ciasne/szerokie.
[tɕasnɛ/ʃɛrɔcɛ]

– *kurz/lang.*
krótkie/długie.
[krutcɛ/dwuɟɛ]

– *klein/groß.*
małe/duże.
[mawɛ/duʒɛ]

Haben Sie das auch noch in einer anderen Farbe?
Czy jest to dostępne też w innym kolorze?
[tʃi jɛst tɔ dɔstɛmpnɛ tɛʃ vˌinnim kɔlɔʒɛ]

Anorak	kurtka [kurtka]
Anzug	garnitur [garɲitur]
Ärmel	rękawy [rẽkavi]
Badeanzug	kostium kąpielowy [kɔstjum kɔmpˌɛlɔvi]
Badehose	kąpielówki *(pl)* [kɔmpˌɛlufci]
Bademantel	płaszcz kąpielowy [pwaʃtʃ kɔmpˌɛlɔvi]
BH	biustonosz [bˌustɔnɔʃ]; stanik [staɲik]

Bikini	bikini *(n)* [bˌiciɲi]
Bluse	bluzka [bluska]
Handschuhe	rękawiczki [rɛ̃kavˌitɕci]
Hemd	koszula [kɔʃula]
Hose	spodnie *(pl)* [spɔdɲɛ]
Hut	kapelusz [kapɛluʃ]
– Sonnenhut	kapelusz słoneczny [kapɛluʃ swɔnɛtʃni]
Jacke	*(für Frauen)* żakiet [ʒacɛt]; *(für Männer)* marynarka [marinarka]
Jeans	jeansy, dżinsy *(pl)* [dʑinsɨ]
Kinderkleidung	odzież *(pl)* dla dzieci [ɔdʑeʃ dla dʑetɕi]
Kleid	sukienka [sucɛŋka]
Kostüm	kostium [kɔstˌjum]
Krawatte	krawat [kravat]
Mantel	płaszcz [pwaʃtʃ]
Mütze	czapka [tʃapka]
Pullover	sweter [sfɛtɛr]; pulower [pulɔvɛr]
Regenjacke	kurtka przeciwdeszczowa [kurtka pʃɛtɕifdɛʃtʃɔva]
Rock	spódnica [spudɲitsa]
Sakko	marynarka męska [marinarka mɛnska]
Schal	szal [ʃal]
Schirm	parasol [parasɔl]
Shorts	szorty [ʃɔrtɨ]
Skihose	spodnie *(pl)* narciarskie [spɔdɲɛ nartɕarscɛ]
Slip	slipy *(pl)* [slˌipɨ]
Socken	skarpety [skarpɛtɨ]
Strickjacke	sweter rozpinany (zrobiony na drutach) [sfɛtɛr rɔspˌinani (zrɔbjɔni na drutax)]
Strumpfhose	rajstopy *(pl)* [rajstɔpɨ]
T-Shirt	koszulka [kɔʃulka]
Unterwäsche	bielizna [bˌɛlˌizna]
Weste	kamizelka [kamˌizɛlka]

EINKAUFEN

SCHUHE UND TASCHEN

Ich habe Schuhgröße ...
Noszę buty numer...
[nɔʃɛ̃ buti numɛr]

Sie sind zu eng/zu groß.
One są za ciasne/za duże.
[ɔne sɔ̃ za tɕasnɛ/za duʒɛ]

Absatz	obcas [optsas]
Badeschuhe	klapki kąpielowe [klapci kɔmpˌelɔvɛ]
Gummistiefel	kalosze [kalɔʃɛ]
Gürtel	pasek [pasɛk]
Handtasche	torebka [tɔrɛpka]
Koffer	walizka [valˌiska]
Lederjacke	kurtka skórzana [kurtka skuʒana]
Ledermantel	płaszcz skórzany [pwaʃtʃ skuʒani]
Reisetasche	torba podróżna [tɔrba pɔdruʒna]
Rucksack	plecak [plɛtsak]
Sandalen	sandały [sandawi]
Schulterriemen	pasek na plecy [pasɛk na plɛtsi]
Schnürsenkel	sznurówka [ʃnurufka]
Schuh	but [but]
Stiefel	kozaki [kɔzaci]
Tasche	torba [tɔrba]
Trolley (koffer/-tasche)	walizka/torba na kółkach [valˌiska/tɔrba na kuwkax]
Turnschuhe	obuwie gimnastyczne [ɔbuvˌɛ ɟimnastitʃnɛ] tenisówki [tɛɲisufci]
Umhängetasche	torebka na ramię [tɔrɛpka na ramˌɛ̃]
Wander-/ Trekkingschuh	buty do wędrówki/buty trekingowe [buti dɔ vɛndrufki/ buti trɛcingɔvɛ]

EINKAUFEN

Beim Optiker

Würden Sie mir bitte diese Brille/das Gestell reparieren?
Czy może mi pan/pani naprawić te okulary/tę oprawkę?
[tʃi mɔʒɛ m‿i pan/paɲi naprav‿tɕ tɛ ɔkulari/tẽ ɔprafkẽ]

Ich hätte gern ...
Proszę...
[prɔʃẽ]

– *eine Sonnenbrille.*
  okulary przeciwsłoneczne.
  [ɔkulari pʃɛtɕifswɔnɛtʃnɛ]
– *ein Fernglas.*
  lornetkę. [lɔrnɛtkẽ]
– *eine Aufbewahrungslösung.*
  płyn do przechowywania.
  [pwin dɔ pʃɛxɔvivaɲa]
– *eine Reinigungslösung.*
  płyn do czyszczenia.
  [pwin dɔ tʃiʃtʃɛɲa]
– *für harte/weiche Kontaktlinsen.*
  twardych/miękkich soczewek.
  [tfardix/m‿ɛŋkcix sɔtʃɛvɛk]
– *Eintageslinsen.*
  soczewek jednodniowych.
  [sɔtʃɛvɛk jɛdnɔdɲɔvix]

MITBRINGSEL Wenn Sie etwas Einheimisches suchen, dann schauen Sie in den Folkloreläden **Cepelia** vorbei. Sie bieten Produkte polnischer Handwerker und Künstler.

Typisch für die Ostseeregion ist in Silber gefasster Bernsteinschmuck, für die Tatra Lederwaren, handgemachte Wollpullover oder Spazierstöcke und für Schlesien die **Ceramika Bolesławiecka** (*Bunzlauer Keramik*).

Souvenirs kaufen

Ich hätte gern ...
Proszę... [prɔʃɛ̃]

– ein hübsches Andenken.
ładną pamiątkę.
[wadnɔ̃ pamˌɔ̃tkɛ̃]

– etwas Typisches aus dieser Gegend.
coś typowego z tej okolicy.
[tsɔɕ tipɔvɛgɔ sˌtej okɔlˌitsi]

echt	prawdziwy [pravdʑivi]
Folkloreladen	cepelia [tsɛpɛlja]
handgemacht	wyrób ręczny [virup rɛ̃tʃni]
Keramik	ceramika [tsɛramˌika]
kitschig	kiczowate [kitʃɔvatɛ]
Mitbringsel	pamiątka [pamˌɔntka]
regionales Produkt	wyrób regionalny [virup rɛjɔnalni]
Schmuck	biżuteria [bˌiʒutɛrˌja]
Töpferwaren	wyroby garncarskie [virɔby garntsarscɛ]

Im Tabakladen

Eine Schachtel/Eine Stange ...
Proszę paczkę/karton...
[prɔʃɛ̃ patʃkɛ̃/kartɔn]

– mit/ohne Filter, bitte!
z filtrem/bez filtra.
[sˌfˌiltrɛm/bɛs fˌiltra]

Zehn Zigarren/Zigarillos, bitte.
Proszę dziesięć cygar/cygaretek.
[prɔʃɛ̃ dʑɛɕɛ̃tɕ tsigar/tsigarɛtɛk]

Aschenbecher	popielniczka [pɔpˌɛlɲitʃka]
Feuerzeug	zapalniczka [zapalɲitʃka]
Pfeife	fajka [fajka]
Pfeifentabak	tytoń fajkowy [titɔɲ fajkɔvi]
Streichölzer	zapałki [zapawci]
Zigarette	papieros [papˌɛrɔs]
Zigarettentabak	tytoń papierosowy [titɔɲ papˌɛrɔsɔvi]
Zigarillo	cygaretka [tsigarɛtka]
Zigarre	cygaro [tsigarɔ]

Uhren und Schmuck

Anhänger	wisiorek [vˌiɕɔrɛk]
Armband	bransoletka [branzɔlɛtka]
Armbanduhr	zegarek na rękę [zɛgarɛk na rɛ̃kɛ̃]
für Damen/für Herren	damski/męski [damsci/mɛnsci]
Brosche	broszka [brɔʃka]
Gold	złoto [zwɔtɔ]
Kette	łańcuszek [waɲtsuʃɛk]
Krawattennadel	spinka do krawata [spˌinka dɔ kravata]
Kristall	kryształ [kriʃtaw]
Modeschmuck	modna biżuteria [mɔdna bˌiʒutɛrˌja]
Ohrstecker	klipsy [klˌipsi]
Ohrringe	kolczyki [kɔltʃici]
Perle	perła [pɛrwa]
Reisewecker	budzik turystyczny [budʑik turistitʃni]
Ring	pierścionek [pˌɛrɕtɕɔnɛk]
Schmuck	biżuteria [bˌiʒutɛrˌja]
Silber	srebro [srɛbrɔ]
wasserdicht	wodoodporne [vɔdɔɔpɔrnɛ]
wasserdichte Uhr	zegarek wodoszczelny [zɛgarɛk vɔdɔʃtʃɛlɲi]

EINKAUFEN

Einkaufen

die **Bäckerei**
piekarnia *f*
[pjɛkarɲa]

der **Baumarkt**
market budowlany *m*
[markɛt budɔvlãni]

die **Drogerie**
drogeria *f*
[drɔgɛrja]

der **Friseursalon**
zakład fryzjerski *m*
[zakwat frizjɛrsci]

der **Gemüseladen**
sklep warzywny *m*
[sklɛp vaʒivni]

der **Geschenkeladen**
sklep z podarunkami *m*
[sklɛp s‿pɔdarunkami]

die **Konditorei**
cukiernia *f*
[t͡sucɛrɲa]

der **Markt**
targ *m*
[tark]

die **Metzgerei**
masarnia *f*
[masarɲa]

die **Schneiderei**
zakład krawiecki *m*
[zakwat kravjɛt͡sci]

das **Schreibwarenge-
schäft**
sklep papierniczy *m*
[sklɛp papjɛrnit͡ʃi]

der **Supermarkt**
supermarket *m*
[supɛrmarkɛt]

ÜBERNACHTEN

Hotel, Pension oder Privatzimmer	100
Ferienhäuser und Ferienwohnungen	108
Camping	110

Hotel, Pension oder Privatzimmer

AN DER INFORMATION

Können Sie mir bitte ... empfehlen?
Może mi pan/pani polecić...?
[mɔʒɛ mʲi pan/paɲi pɔlɛt͡ɕit͡ɕ]

– *ein gutes Hotel*
  dobry hotel
  [dɔbrɨ xɔtɛl]
– *ein einfaches Hotel*
  zwykły hotel
  [zvɨkwɨ xɔtɛl]
– *eine Pension*
  pensjonat
  [pɛnsjɔnat]
– *ein Privatzimmer*
  pokój prywatny
  [pɔkuj prɨvatnɨ]

WIE MAN SICH BETTET ...

Unterkunft finden Sie in Hotels, Ferienhäusern und Privatzimmern. Letztere sind meist preiswert und gut ausgestattet. Wachsender Popularität erfreuen sich auch zahlreiche Bauernhöfe (**gospodarstwo agroturystyczne**).

In Touristengebieten, etwa an der Ostsee und in Masuren, gibt es viele kleinere Pensionen und Ferienhäuser. Eine preiswerte Alternative sind auch ehemalige Betriebsferienheime (**dom wczasowy/DW**).

Ist es zentral/ruhig/in Strandnähe gelegen?
Czy jest on położony centralnie/zacisznie/w pobliżu plaży?
[tʃi jɛst ɔn pɔwɔʒɔni tsɛntralɲɛ/zatɕiʃɲɛ/f pɔblˌiʒu plaʒi]

Gibt es hier auch ...
Czy jest tutaj...
[tʃi jɛst tutaj]

- *einen Campingplatz?*
  kemping?
  [kɛmpˌiŋk]
- *eine Jugendherberge?*
  schronisko młodzieżowe?
  [sxrɔɲiskɔ mwɔʥɛʒɔvɛ]

IM HOTEL ANGEKOMMEN

Ich habe ein Zimmer reserviert. Mein Name ist ...
Zarezerwował-em/am u Państwa pokój. Nazywam się...
[zarɛzɛrvɔvaw-ɛm/wam u paɲstva pɔkuj. nazivam ɕɛ̃]

Haben Sie noch ein Zimmer frei ...?
Czy ma pan/pani jeszcze wolny pokój...?
[tʃi ma pan/paɲi jɛʃtʃɛ vɔlni pɔkuj]

ÜBERNACHTEN

– ... für eine Nacht
na jedną noc
[na jɛdnɔ̃ nɔts]
– ... für zwei Tage
na dwa dni
[na dva dɲi]
– ... für eine Woche
na tydzień
[na tɨdʑɛɲ]

Haben Sie Familienzimmer?
Czy ma pan/pani pokój rodzinny?
[tʃi ma pan/paɲi pɔkuj rɔdʑinnɨ]

Ich hätte gern ...
Proszę...
[prɔʃɛ̃]

– ein Einzelzimmer.
pokój jednoosobowy.
[pɔkuj jɛdnɔɔsɔbɔvɨ]
– ein Doppelzimmer...
pokój dwuosobowy...
[pɔkuj dvuɔsɔbɔvɨ]
– ein ruhiges Zimmer...
zaciszny pokój...
[zatɕiʃnɨ pɔkuj]
– mit Dusche.
z prysznicem.
[s‿prɨʃɲitsɛm]
– mit Bad.
z łazienką.
[z‿waʑɛŋkɔ̃]
– mit Balkon/Terrasse.
z balkonem/tarasem.
[z‿balkɔnɛm/tarasɛm]

Kann ich das Zimmer ansehen?
Mogę ten pokój obejrzeć?
[mɔgɛ̃ tɛn pɔkuj ɔbɛjzɛtɕ]

Es ist gut, ich nehme es.
To mi się podoba. Wezmę to.
[tɔ mi ɕɛ pɔdɔba. vɛzmɛ̃ tɔ]

Kann ich bitte noch ein anderes sehen?
Mogę zobaczyć jeszcze jakiś inny?
[mɔgɛ̃ zɔbatʃɨtɕ jɛʃtʃɛ jaciɕ innɨ]

Könnten Sie bitte noch ein drittes Bett/ein Kinderbett dazustellen?
Czy mógłby pan/mogłaby pani dostawić trzecie łóżko/łóżeczko dla dziecka? [tʃɨ mugwbɨ pan/mɔgwabɨ pani dɔstavʲitɕ tʃɛtɕɛ wuʃkɔ/wuʒɛtʃkɔ dla dʑɛtska]

Ist das Frühstück inklusive?
Czy w cenie zawarte jest śniadanie?
[tʃɨ f tsɛɲɛ zavartɛ jɛst ɕɲadaɲɛ]

Gibt es eine Ermäßigung für Kinder?
Czy jest zniżka dla dzieci?
[tʃɨ jɛst ʒɲiʃka dla dʑɛtɕi]

Wo kann ich den Wagen abstellen?
Gdzie mogę zaparkować samochód?
[gdʑɛ mɔgɛ̃ zaparkɔvatɕ samɔxut]

- In unserer Garage.
 W naszym garażu.
 [v naʃɨm garaʒu]
- Auf unserem Parkplatz.
 Na naszym parkingu.
 [na naʃɨm parciŋgu]

FRAGEN UND BITTEN

Ab wann gibt es Frühstück?
Od której jest śniadanie?
[ɔt kturɛj jɛst ɕɲadaɲɛ]

Wann sind die Essenszeiten?
Jakie są pory posiłków?
[jacɛ sɔ̃ pɔrɨ pɔɕiwkuf]

ÜBERNACHTEN

Wo ist der Speisesaal?
Gdzie jest jadalnia?
[gdʑɛ jɛst jadalɲa]

Wo ist der Frühstücksraum?
Gdzie jest sala śniadaniowa?
[gdʑɛ jɛst sala ɕɲadaɲɔva]

Gibt es ... im Zimmer?
Czy w pokoju jest...
[tʃɨ f‿pɔkɔju jɛst]

- *Internetanschluss*
  gniazdko internetowe?
  [gɲastkɔ intɛrnɛtɔvɛ]
- *Fernsehen*
  telewizor?
  [tɛlɛviˌzɔr]

Haben Sie WLAN?
Czy jest tu Wi-Fi?
[tʃɨ jɛst tu vi fi]

Wo kann ich ins Internet gehen?
Gdzie mogę podłączyć się do internetu?
[gdʑɛ mɔgɛ̃ pɔtwɔntʃitɕ ɕɛ dɔ intɛrnɛtu]

Haben Sie ein Babyfon?
Czy ma pan/pani babyfon?
[tʃɨ ma pan/paɲi bɛjbifɔn]

ALLES IN ORDNUNG?

Das Zimmer ist heute nicht geputzt worden.
Pokój nie został dzisiaj sprzątnięty.
[pɔkuj ɲɛ zɔstaw dʑiɕaj spʃɔ̃tɲɛ̃ti]

Die Klimaanlage funktioniert nicht.
Klimatyzacja nie działa.
[klˌimatɨzatsja ɲɛ dʑawa]

Der Wasserhahn tropft.
Z kranu kapie woda.
[s‿kranu kapjɛ vɔda]

Es kommt kein (warmes) Wasser.
Nie leci (ciepła) woda.
[ɲɛ lɛtɕi (tɕɛpwa) vɔda]

Die Toilette/Das Waschbecken ist verstopft.
Toaleta/umywalka jest zapchana.
[tɔalɛta/umivalka jɛst zapxana]

Ich hätte gern ein anderes Zimmer.
Chciałbym/chciałabym inny pokój.
[xtɕawbim/xtɕawabim inni pɔkuj]

AUSCHECKEN UND BEZAHLEN

Ich reise heute Abend/morgen um ... Uhr ab.
Wyjeżdżam dzisiaj wieczorem/jutro o godzinie...
[vijeʒdʑam dʑiɕaj vjetʃɔrɛm/jutrɔ ɔ gɔdʑiɲɛ]

Kann ich mein Gepäck (bis heute Abend) hier lassen?
Czy mogę tutaj zostawić bagaż (do dzisiaj wieczorem)?
[tʃi mɔgẽ tutaj zɔstavʲitɕ bagaʒ (dɔ dʑiɕaj vjetʃɔrɛm)]

Könnten Sie bitte die Rechnung fertig machen?
Czy mógłby pan/mogłaby pani przygotować rachunek?
[tʃi mugwbi pan/mɔgwabi paɲi pʃigɔtɔvatɕ raxunɛk]

Kann ich bitte meinen Pass zurückhaben?
Poproszę o zwrot paszportu.
[pɔprɔʃẽ ɔ zvrɔt paʃpɔrtu]

Nehmen Sie Kreditkarten?
Czy przyjmujecie państwo karty kredytowe?
[tʃi pʃijmujɛtɕɛ paɲstfɔ karti krɛditɔvɛ]

Vielen Dank für alles! Auf Wiedersehen!
Bardzo dziękuję za wszystko! Do widzenia!
[bardzɔ dʑɛ̃kujɛ za fʃistkɔ. dɔ vʲidzɛɲa]

Abendessen	kolacja [kɔlatsja]
Abfalleimer	kosz na śmieci [kɔʃ na ɕmʲɛtɕi]
Anmeldung	zameldowanie [zamɛldɔvaɲɛ]
Auffahrtrampe	rampa wjazdowa [rampa vʲjazdɔva]
Aufzug	winda [vʲinda]

ÜBERNACHTEN

Babyfon	babyfon [bɛjbifɔn]
Badetuch	ręcznik kąpielowy [rɛntʃnik kɔ̃pˌelɔvi]
Badezimmer	łazienka [waʑɛnka]
Balkon	balkon [balkɔn]
barrierefrei	bez barier [bɛsˌbarjɛr]
Becher	kubek [kubɛk]
Bett	łóżko [wuʃkɔ]
Bettdecke	kołdra [kɔwdra]
Bettwäsche	pościel *(f)* [pɔɕtɕɛl]
Dusche	prysznic [priʃnits]
Duschsitz	krzesło do prysznica [kʃɛswɔ dɔ priʃnitsa]
ebenerdig	bezprogowy [bɛsprɔgɔvi]
Etage	piętro [pˌɛ̃trɔ]
Fernseher	telewizor [tɛlɛvˌizɔr]
Fernsehraum	sala telewizyjna [sala tɛlɛvˌizˌijna]
Frühstück	śniadanie [ɕnadaɲɛ]
Frühstücksraum	jadalnia [jadalɲa]
Garage	garaż [garaʃ]
Glas	szklanka [ʃklaŋka]
Glühbirne	żarówka [ʒarufka]
Halbpension	nocleg ze śniadaniem i kolacją [nɔtslɛk zɛ ɕnadaɲɛm i kɔlatsjɔ̃]
Handtuch	ręcznik [rɛ̃tʃnik]
Kinderbetreuung	opieka nad dziećmi [ɔpˌjeka nat dʑɛtɕmˌi]
Kinderbett	łóżko dziecięce [wuʃkɔ dʑɛtɕɛ̃tsɛ]
Klimaanlage	klimatyzacja [klˌimatizatsja]
Lampe	lampa [lampa]
Licht	światło [ɕfjatwɔ]
Lichtschalter	kontakt [kɔntakt]
Matratze	materac [matɛrats]
Minibar	barek [barɛk]
Mittagessen	obiad [ɔbjat]
Nachsaison	po sezonie [pɔ sɛzɔɲɛ]
Nachttisch	stolik nocny [stɔlˌik nɔtsni]
Nachttischlampe	lampka nocna [lampka nɔtsna]

ÜBERNACHTEN

Notizblock	notatnik [nɔtatɲik]
	notes [nɔtɛs]
Parkplatz	parking [parciŋg]
Pension	pensjonat [pɛnsjɔnat]
Preisliste	cennik [tsɛnɲik]
Radio	radio [radˌjɔ]
reinigen	sprzątać [spʃʃɔtatɕ]
reparieren	naprawiać [napravjatɕ]
Reservierung	rezerwacja [rɛzɛrvatsja]
Restaurant	restauracja [rɛstawratsja]
Rezeption	recepcja [rɛtsɛptsja]
rollstuhlgerecht	przystosowany do wózka inwalidzkiego [pʃistɔsɔvani dɔ vuska invalˌitscɛgɔ]
Safe	sejf [sɛjf]
Schlüssel	klucz [klutʃ]
Schrank	szafa [ʃafa]
Speisesaal	jadalnia [jadalɲa]
Spiegel	lustro [lustrɔ]
Steckdose	gniazdko wtykowe [gɲastkɔ ftikɔvɛ]
Stecker	wtyczka [ftitʃka]
Stuhl	krzesło [kʃɛswɔ]
Swimmingpool	basen [basɛn]
Tisch	stół [stuw]
Toilette	toaleta [tɔalɛta]
Toilettenpapier	papier toaletowy [papˌjɛr tɔalɛtɔvi]
Türcode	kod otwierający drzwi [kɔt ɔtfjɛrajɔ̃tsi dʒvˌi]
Übernachtung	nocleg [nɔtslɛg]
Ventilator	wentylator [vɛntilatɔr]
Verlängerungswoche	przedłużenie o tydzień [pʃɛdwuʒɛɲɛ ɔ tidʑɛɲ]
Vollpension	całodzienne wyżywienie [tsawɔdʑɛnnɛ viʒivˌjɛɲɛ]
Vorsaison	przed sezonem [pʃɛt sɛzɔnɛm]
Waschbecken	umywalka [umivalka]
Wasser	woda [vɔda]

– kaltes Wasser	zimna woda [ʑimna vɔda]
– warmes Wasser	ciepła woda [tɕɛpwa vɔda]
Wasserglas	szklanka do wody [ʃklanka dɔ vɔdi]
WLAN	Wi-Fi [vi fi]
Zimmer	pokój [pɔkuj]
Zimmermädchen	pokojówka [pɔkɔjufka]

Ferienhäuser und Ferienwohnungen

Ich habe bei Ihnen ... gebucht/gemietet.
Zarezerwowałem/-am u Państwa...
[zarɛzɛrvɔvawɛm/-wam u paɲstva]

– die Wohnung ...
  mieszkanie. [mjɛʃkaɲɛ]
– das Haus ...
  dom. [dɔm]

Wo bekommen wir die Schlüssel?
Gdzie dostaniemy klucze?
[gdʑɛ dɔstaɲɛmi klutʃɛ]

Ist der Strom-/Wasserverbrauch im Mietpreis enthalten?
Czy zużycie prądu/wody jest zawarte w cenie wynajmu?
[tʃi zuʐitɕɛ prɔ̃du/vɔdi jɛst zavartɛ f‿tsɛɲɛ vinajmu]

Wo befinden sich die Mülltonnen?
Gdzie znajdują się kontenery na śmieci?
[gdʑɛ znajdujɔ̃ ɕɛ kɔntɛnɛri na ɕmjɛtɕi]

Müssen wir die Endreinigung selbst übernehmen?
Czy musimy sami na koniec wysprzątać?
[tʃi muɕimi samji na kɔɲɛts vispʃɔ̃tatɕ]

Bekomme ich die Kaution zurück?
Poproszę o zwrot kaucji.
[pɔprɔʃɛ̃ ɔ zvrɔt kawtsji]

Wo gibt es hier ein Lebensmittelgeschäft?
Gdzie w okolicy jest sklep spożywczy?
[gdʑɛ v‿ɔkɔliˌtsi jest sklep spɔʒiftʃi]

DIE WICHTIGSTEN WÖRTER

Anreisetag	dzień przyjazdu [dʑɛɲ pʃijazdu]
Anzahlung	zaliczka [zalitʃka]
Bungalow	bungalow [bungalɔv]
Endreinigung	sprzątanie końcowe [spʃɔ̃taɲɛ kɔɲtsɔvɛ]
Ferienhaus	dom wczasowy [dɔm ftʃasɔvi]
Haustiere	zwierzęta domowe [zvjɛʒɛ̃ta dɔmɔvɛ]
Kaution	kaucja [kawtsja]
Küche	kuchnia [kuxɲa]
Miete	cena wynajmu [tsɛna vˌinajmu]
Müll	śmieci *(pl)* [ɕmˌɛtɕi]
Nebenkosten	koszty dodatkowe [kɔʃti dɔdatkɔvɛ]
Schlafzimmer	sypialnia [sipˌjalɲa]
Schlüsselübergabe	przekazanie kluczy [pʃɛkazaɲɛ klutʃi]
Strom	prąd [prɔnt]
Strompauschale	ryczałt za prąd [ritʃawt za prɔnt]
vermieten	wynajmować [vinajmɔvatɕ]
Waschmaschine	pralka [pralka]
Wasserverbrauch	zużycie wody [zuʒitɕɛ vɔdi]
Wohnzimmer	pokój stołowy [pɔkuj stɔwɔvi]
Zentralheizung	ogrzewanie centralne [ɔgʒɛvaɲɛ tsɛntralnɛ]

WAS MAN SO BRAUCHT

Backofen	piekarnik [pˌɛkarɲik]
Besen	miotła [mjɔtwa]
Etagenbett	łóżko piętrowe [wuʃkɔ pˌɛ̃trɔvɛ]
Eimer	wiadro [vjadrɔ]
Geschirr	naczynia *(pl)* [natʃiɲa]
Geschirrtuch	ścierka do naczyń [ɕtɕɛrka dɔ natʃiɲ]

Geschirrspülmaschine	zmywarka do naczyń [zmɨvarka dɔ natʃɨɲ]
Glas/Gläser	szklanka/szklanki [ʃklaŋka/ʃklaŋci]
Herd	kuchenka [kuxɛnka]
– Elektroherd	kuchenka elektryczna [kuxɛnka ɛlɛktrɨtʃna]
– Gasherd	kuchenka gazowa [kuxɛnka gazɔva]
Kaffeefilter	filtr do kawy [fˌiltr dɔ kavɨ]
Kaffeemaschine	automat do kawy [awtɔmat dɔ kavɨ]
Kehrschaufel	szufelka [ʃufɛlka]
Kühlschrank	lodówka [lɔdufka]
Mikrowelle	mikrofalówka [mˌikrɔfalufka]
Pfanne	patelnia [patɛlɲa]
Putzmittel	środki czystości [ɕrɔtci tʃɨstɔɕtci]
Schlafcouch	tapczan [taptʃan]
Schneidebrett	deska do krojenia [dɛska dɔ krɔjɛɲa]
Schüssel/n	miska/miski [mˌiska/mˌisci]
Staubsauger	odkurzacz [ɔtkuʒatʃ]
Tasse/Tassen	filiżanka/filiżanki [fˌilˌiʒaŋka/fˌilˌiʒaŋci]
Toaster	toster [tɔstɛr]
Wasserkocher	czajnik elektryczny [tʃajɲik ɛlɛktrɨtʃnɨ]
Wischmopp	mop [mɔp]

Camping

Wie hoch ist die Gebühr pro Tag und Person?
Ile wynosi opłata za osobodzień?
[ilɛ vɨnɔɕi ɔpwata za ɔsɔbɔdʑɛɲ]

Wie hoch ist die Gebühr ...
Ile wynosi opłata...
[ilɛ vɨnɔɕi ɔpwata]

- *für das Auto?*
  za samochód?
  [za samɔxut]
- *für den Wohnwagen?*
  za przyczepę kempingową?
  [za pʃitʃepɛ̃ kempˌiŋgɔvɔ̃]
- *für das Wohnmobil?*
  za samochód kempingowy?
  [za samɔxut kempˌiŋgɔvɨ]
- *für das Zelt?*
  za namiot?
  [za namˌjɔt]

Wir bleiben ... Tage/Wochen.
Zostaniemy... dni/tygodnie.
[zɔstaɲɛmɨ dɲi/tɨgɔdɲɛ]

Wo sind ...
Gdzie są...
[gʥɛ sɔ̃]

- *die Toiletten?*
  toalety?
  [tɔalɛti]
- *die Waschräume?*
  umywalnie?
  [umɨvalɲɛ]
- *die Duschen?*
  prysznice?
  [prɨʃɲitsɛ]

Gibt es hier Stromanschluss?
Czy jest tu przyłączenie do sieci elektrycznej?
[tʃɨ jest tu pʃiwɔ̃tʃɛɲɛ dɔ ɕɛtɕi ɛlɛktrɨtʃnɛj]

Wo kann ich Gasflaschen umtauschen?
Gdzie mogę wymienić butle gazowe?
[ʥɛ mɔgɛ̃ vɨmjɛɲitɕ butlɛ gazɔvɛ]

Ist der Campingplatz bei Nacht bewacht?
Czy to pole kempingowe jest w nocy strzeżone?
[tʃɨ tɔ pɔlɛ kempˌiŋgɔvɛ jest v‿nɔtsɨ stʃɛʒɔnɛ]

ÜBERNACHTEN

Camping	kemping [kɛmpˌiŋk]
Campingausweis	wejściówka na kemping [vɛjɕtɕufka na kɛmpˌiŋk]
Campingplatz	pole kempingowe [pɔlɛ kɛmpˌiŋɔvɛ]
Gasflasche	butla gazowa [butla gazɔva]
Gaskocher	kocher gazowy [kɔxɛr gazɔvi]
Hammer	młotek [mwɔtɛk]
Hering	śledź [ɕlɛtɕ]; kołek do namiotu [kɔwɛk dɔ namˌjɔtu]
Kocher	kocher [kɔxɛr] kuchenka [kuxɛnka]
Schlafsack	śpiwór [ɕpivur]
Steckdose	gniazdko wtykowe [gɲastkɔ ftikɔvɛ]
Stecker	wtyczka [ftitʃka]
Strom	prąd [prɔnt]
Taschenlampe	latarka [latarka]
Trinkwasser	woda pitna [vɔda pˌitna]
Waschraum	umywalnia [umivalɲa]
Wäschetrockner	suszarka do bielizny [suʃarka dɔ bˌɛlˌizni]
Wasser	woda [vɔda]
Wasserkanister	kanister na wodę [kaɲistɛr na vɔdɛ̃]
Wohnmobil	samochód kempingowy [samɔxut kɛmpˌiŋɔvi]
Wohnwagen	przyczepa kempingowa [pʃitʃɛpa kɛmpˌiŋɔva]
Zelt	namiot [namˌjɔt]
zelten	mieszkać w namiocie [mˌɛʃkatɕ v namˌjɔtɕɛ]
Zeltschnur	sznur od namiotu [ʃnur ɔd namˌjɔtu]
Zeltstange	podpora namiotu [pɔtpɔra namˌjɔtu]; drążek [drɔ̃ʒɛk]

ÜBERNACHTEN

IM NOTFALL

In der Apotheke	114
Beim Arzt	115
Im Krankenhaus	120
Beim Zahnarzt	126
Bankgeschäfte tätigen	127
Fundbüro	129
Im Internetcafé	129
Bei der Polizei	131
Auf der Post	133
Telefonieren	134
Mit dem Handy	136
Toilette und Bad	137
Im Notfall – Zeigebilder	138

Vermutlich wollen Sie im Urlaub mit all dem nichts zu tun haben. Mit der Polizei, dem Arzt, der Apotheke ... Und bestimmt finden Sie es gut, wenn Sie folgende Orte schnell auffinden: eine Post, eine Bank, ein Internetcafé ... In diesem Kapitel informieren wir sie rund um diese Themen.

In der Apotheke

Könnten Sie mir bitte sagen, wo die nächste Apotheke (mit Nachtdienst) ist?
Proszę mi powiedzieć, gdzie jest najbliższa apteka (z dyżurem nocnym)? [prɔʃɛ̃ mi pɔvjɛdʑɛtɕ, gdʑɛ jɛst najbliʃʃa aptɛka (z dɨʒurɛm nɔtsnim)]

Abführmittel	środek na przeczyszczenie [ɕrɔdɛk na pʃɛtʃiʃtʃɛɲɛ]
Aspirin	aspiryna [aspirina]
Beruhigungsmittel	środek uspokajający [ɕrɔdɛk uspɔkajajɔntsi]
Brandsalbe	maść *(f)* na oparzenia [maɕtɕ na ɔpaʒɛɲa]
Desinfektionsmittel	środek dezynfekujący [ɕrɔdɛk dɛzinfɛkujɔntsi]
Elastikbinde	bandaż elastyczny [bandaʃ ɛlastitʃni]
Fieberthermometer	termometr [tɛrmɔmɛtr]
Halstabletten	tabletki na gardło [tablɛtci na gardwɔ]
Hustensaft	syrop na kaszel [sirɔp na kaʃɛl]
Mittel gegen Insektenstiche	środek na ukąszenia [ɕrɔdɛk na ukɔ̃ʃɛɲa]
Kondom	prezerwatywa [prɛzɛrvativa]; kondom [kɔndɔm]
Kopfschmerztabletten	tabletki od bólu głowy [tablɛtci ɔt bulu gwɔvi]

IM NOTFALL

Kreislaufmittel	środek na krążenie [ɕrɔdɛk na krɔ̃ʒɛɲɛ]
Medikament	lekarstwo [lɛkarstfɔ]
Mullbinde	gaza [gaza]
Ohrentropfen	krople *(pl)* do uszu [krɔplɛ dɔ uʃu]
Pflaster	plaster [plastɛr]
Salbe	maść *(f)* [maɕtɕ]
Schlaftabletten	tabletki nasenne [tablɛtɕi nasɛnnɛ]
Schmerztabletten	tabletki przeciwbólowe [tablɛtɕi pʃɛtɕivbulɔvɛ]
Tablette	tabletka [tablɛtka]; pigułka [pʲiguwka]
Vitamintabletten	tabletki witaminowe [tablɛtɕi vʲitamʲinɔvɛ]
Zäpfchen	czopki *(pl)* [tʃɔpci]

Beim Arzt

Könnten Sie mir einen ... empfehlen?
Czy może mi pan/pani polecić jakiegoś...?
[tʃi mɔʒɛ mʲi pan/paɲi pɔlɛtɕitɕ jacɛgɔɕ]

– *Arzt*
 lekarza [lɛkaʒa]
– *Augenarzt*
 okulistę [ɔkulʲistɛ̃]
– *Frauenarzt*
 ginekologa [ɟinɛkɔlɔga]
– *Hals-Nasen-Ohren-Arzt*
 laryngologa [laringɔlɔga]
– *Hautarzt*
 dermatologa [dɛrmatɔlɔga]
– *Kinderarzt*
 pediatrę [pɛdʲjatrɛ̃]

IM NOTFALL

– *Praktischen Arzt*
lekarza ogólnego
[lɛkaʒa ɔgulnɛgɔ]
– *Urologen*
urologa
[urɔlɔga]
– *Zahnarzt*
dentystę [dɛntistɛ̃]

Wo ist ihre/seine Praxis?
Gdzie jest jej/jego gabinet?
[gdʑɛ jɛst jɛj/jɛgɔ gabˌinɛt]

BESCHWERDEN BESCHREIBEN

Ich habe Fieber.
Mam gorączkę.
[mam gɔrɔntʃkɛ̃]

Mir ist oft ...
Jest mi często...
[jɛst mˌi tʃɛ̃stɔ]

– *schlecht/übel.*
niedobrze.
[ɲɛdɔbʒɛ]
– *schwindlig.*
kręci mi się w głowie.
[krɛ̃ntɕi mˌi ɕɛ̃ v_gwɔvˌɛ]

Ich bin ohnmächtig geworden.
Zemdlał-em/am.
[zɛmdlaw-em/am]

Ich habe Kopfschmerzen/Halsschmerzen.
Boli mnie głowa/gardło.
[bɔlˌi mɲɛ gwɔva/gardwɔ]

Ich bin ...
Został-em/am...
[zɔstaw-em/am]

- *gestochen worden.*
  ukąszon-y/a.
  [ukɔ̃ʃɔni/a]
- *gebissen worden.*
  pogryzion-y/a.
  [pɔgrɨzɔni/a]

Ich habe mir den Magen verdorben.
Mam rozstrój żołądka.
[mam rɔstruj ʒɔwɔntka]

Ich habe ...
Mam...
[mam]

- *Durchfall.*
  rozwolnienie.
  [rɔzvɔlɲɛɲɛ]
- *Verstopfung.*
  zatwardzenie.
  [zatfardzɛɲɛ]

Ich vertrage das Essen/die Hitze nicht.
Źle znoszę jedzenie/upał.
[ʑlɛ znɔʃɛ̃ jɛdzɛɲɛ/upaw]

Ich bin allergisch gegen ...
Jestem uczulony/uczulona na...
[jɛstɛm utʃulɔni/utʃulɔna na]

- *Antibiotika.*
  antybiotyki.
  [antɨbjɔtɨki]
- *Bienen.*
  jad pszczeli.
  [jat pʃtʃeli]
- *Pollen.*
  pyłki.
  [pɨwki]

Ich bin gegen … geimpft.
Jestem zaszczepiony/zaszczepiona przeciwko…
[jɛstɛm zaʃtʃɛpˌɔni/zaʃtʃɛpˌɔna pʃɛtɕifkɔ]

– *Hepatitis A/B/A und B*
 żółtaczce typu A/B/A i B.
 [ʒuwtatʃtsɛ tipu a/b/a i b]

– *Tetanus*
 tężcowi. [tɛ̃ʒtsɔvˌi]
– *Typhus*
 tyfusowi. [titusɔvˌi]

Ich bin …
Jestem… [jɛstɛm]

– *Allergiker/in.*
 alergikiem./alergiczką.
 [alɛrɟicɛm/alɛrɟtʃkɔ̃]
– *Diabetiker/in.*
 diabetykiem./diabetyczką.
 [jɛstɛm dˌjabɛticɛm/dˌjabɛtitʃkɔ̃]
– *Epileptiker/in.*
 epileptykiem./epileptyczką.
 [ɛpˌilɛpticɛm/ɛpˌilɛptitʃkɔ̃]
– *körperbehindert.*
 niepełnosprawn-y/a.
 [ɲɛpɛwnɔspravni/a]
– *sehbehindert.*
 niewidom-y/a.
 [ɲɛvˌidɔm-i/a]

Ich habe …
Mam… [mam]

– *multiple Sklerose.*
 stwardnienie rozsiane.
 [stfardɲɛɲɛ rɔsɕanɛ]
– *einen Herzschrittmacher.*
 rozrusznik serca.
 [rozruʃnik sɛrtsa]

IM NOTFALL

Ich bin schwanger.
Jestem w ciąży.
[jɛstɛm f‿tɕɔ̃ʒɨ]

Ich hatte vor kurzem ...
Miał-em/am niedawno…
[mʲawɛm/am ɲɛdavnɔ]

BEI DER UNTERSUCHUNG

Wo tut es weh?
Gdzie boli?
[gdʑɛ bɔlʲi]

Ich habe hier Schmerzen.
Tu mam bóle.
[tu mam bulɛ]

Ich brauche eine Blut-/Urinprobe.
Potrzebuję badanie krwi/moczu.
[pɔtʃɛbujẽ badaɲɛ krfʲi/mɔtʃu]

Sie müssen geröntgt werden.
Pan/pani musi się prześwietlić.
[pan/paɲi muɕi ɕẽ pʃɛɕfʲɛtlʲitɕ]

Sie müssen operiert werden.
Pan/pani musi się poddać operacji.
[pan/paɲi muɕi ɕẽ pɔddatɕ ɔpɛratsji]

Sie sollten ein paar Tage Bettruhe halten.
Pan powinien/pani powinna kilka dni poleżeć w łóżku.
[pan pɔvʲiɲɛn/paɲi pɔvʲinna cilka dɲi pɔlɛʒɛtɕ v‿wuʃku]

Es ist nichts Ernstes.
To nic poważnego. [tɔ ɲits pɔvaʒnɛgɔ]

Haben Sie einen Impfschein?
Czy ma pan/pani świadectwo szczepienia?
[tʃɨ ma pan/paɲi ɕfʲadɛtstfɔ ʃtʃɛpʲɛɲa]

Ich bin gegen ... geimpft.
Byłem szczepiony/byłam szczepiona przeciw…
[bɨwɛm ʃtʃɛpʲjɔnɨ/bɨwam ʃtʃɛpʲjɔna pʃɛtɕif]

IM NOTFALL

Im Krankenhaus

Wie lange muss ich hier bleiben?
Jak długo muszę tu zostać?
[jak dwugɔ muʃɛ̃ tu zɔstatɕ]

Geben Sie mir bitte ...
Proszę mi podać...
[prɔʃɛ̃ mʲi pɔdatɕ]

- *ein Glas Wasser.*
  szklankę wody.
  [ʃklaŋkɛ vɔdɨ]
- *eine Schmerztablette.*
  tabletkę przeciwbólową.
  [tablɛtkɛ̃ pʃɛtɕifbulɔvɔ̃]
- *eine Schlaftablette.*
  tabletkę nasenną.
  [tablɛtkɛ̃ nasɛnnɔ̃]
- *eine Wärmflasche.*
  termofor.
  [tɛrmɔfɔr]

Ich kann nicht einschlafen.
Nie mogę zasnąć.
[ɲɛ mɔgɛ̃ zasnɔ̃ɲtɕ]

Wann darf ich aufstehen?
Kiedy mogę wstać?
[cɛdɨ mɔgɛ̃ fstatɕ]

KRANKHEITEN UND BESCHWERDEN

Könnten Sie mir bitte etwas gegen ... geben?
Proszę mi dać coś na... [prɔʃɛ̃ mʲi datɕ tsɔɕ na]

Abszess	ropień [rɔpʲɛɲ]
Allergie	alergia [alɛrɟja]
Angina	angina [aɲɟina]
ansteckend	zakaźny [zakaʑnɨ]
Asthma	astma [astma]

Bänderriss	naderwanie ścięgna [nadɛrvaɲɛ ɕtɕɛŋgna]
Bindehautentzündung	zapalenie spojówek [zapalɛɲɛ spɔjuvɛk]
Blähungen	wzdęcia [vzdɛntɕa]
Blinddarmentzündung	zapalenie wyrostka robaczkowego [zapalɛɲɛ virɔstka rɔbatʃkɔvɛgɔ]
Bluthochdruck	wysokie ciśnienie krwi [vɨsɔcɛ tɕiɕɲɛɲɛ krfˌi]
Blutvergiftung	zatrucie krwi [zatrutɕɛ krfˌi]
Borreliose	borelioza [bɔrɛlˌiɔza]
Brechreiz	mdłości *(pl)* [mdwɔɕtɕi]
Bronchitis	bronchit [brɔnxˌit]
Bruch	przepuklina [pʃɛpuklˌina]
Diabetes	cukrzyca [tsukʃɨtsa]
Diphtherie	dyfteryt [diftɛrit]; błonica [bwɔɲitsa]
Durchfall	biegunka [bˌɛguɲka]
Entzündung	zapalenie [zapalɛɲɛ]
Epilepsie	epilepsja [ɛpˌilɛpsja]
Erkältung	przeziębienie [pʃɛzɛmbˌɛɲɛ]
Fieber	gorączka [gɔrɔntʃka]
Gehirnerschütterung	wstrząs mózgu [fstʃɔ̃s muzgu]
Gehirnschlag	apopleksja [apɔplɛksja]; udar mózgu [udar muzgu]
Gelbfieber	żółta febra [ʒuwta fɛbra]
Gelbsucht	żółtaczka [ʒuwtatʃka]
Geschlechtskrankheit	choroba weneryczna [xɔrɔba vɛnɛritʃna]
geschwollen	spuchnięty [spuxɲɛnti]
Geschwulst	obrzęk [ɔbʒɛŋk]
Geschwür	wrzód [vʒut]
Gleichge-wichtsstörungen	zaburzenia równowagi [zabuʒɛɲa ruvnɔvaɟi]
Grippe	grypa [gripa]
Halsschmerzen	ból gardła [bul gardwa]
Hämorriden	hemoroidy [xɛmɔrɔidi]

IM NOTFALL

Herzbeschwerden	dolegliwości sercowe [dɔlegl̡ivɔɕtɕi sertsɔvɛ]
Herzfehler	wada serca [vada sɛrtsa]
Herzinfarkt	zawał serca [zavaw sɛrtsa]
Heuschnupfen	katar sienny [katar ɕɛnni]
Hirnhautentzündung	zapalenie mózgu [zapalɛɲɛ muzgu]
Infektion	infekcja [infɛktsja]
Insektenstich	ukąszenie/użądlenie [ukɔ̃ʃɛɲɛ/uʒɔ̃dlɛɲɛ]
Ischias	rwa kulszowa [rva kulʃɔva]
Jucken	swędzenie [sfɛndʑɛɲɛ]
Kinderkrankheit	choroba dziecięca [xɔrɔba dʑɛtɕɛ̃tsa]
Knochenbruch	złamanie kości [zwamaɲɛ kɔɕtɕi]
Kopfschmerzen	bóle głowy [bulɛ gwɔvi]
Krankheit	choroba [xɔrɔba]
Krebs	rak [rak]
Kreislaufstörung	zaburzenie krążenia [zabuʒɛɲa krɔ̃ʒɛɲa]
Lähmung	paraliż [paral̡iʃ]
Lebensmittelvergiftung	zatrucie pokarmowe [zatrutɕɛ pɔkarmɔvɛ]
Leistenbruch	przepuklina [pʃɛpukl̡ina]
Lungenentzündung	zapalenie płuc [zapalɛɲɛ pwuts]
Magenschmerzen	ból żołądka [bul ʒɔwɔntka]
Malaria	malaria [malarja]
Mandelentzündung	zapalenie migdałków [zapalɛɲɛ m̡igdawkuf]
Migräne	migrena [m̡igrɛna]
Mittelohrentzündung	zapalenie ucha środkowego [zapalɛɲɛ uxa ɕrɔtkɔvɛgɔ]
Nierenstein	kamica nerkowa [kam̡itsa nɛrkɔva]
niesen	kichać [cixatɕ]
Ohnmacht	utrata przytomności [utrata pʃitɔmnɔɕtɕi]; omdlenie [ɔmdlɛɲɛ]

Pilzinfektion	grzybica [gʒibitsa]
Prellung	stłuczenie [stwutʃɛɲɛ]; kontuzja [kɔntuzja]
Rheuma	reumatyzm [rewmatizm]
Röteln	różyczka [ruʒitʃka]
Rückenschmerzen	bóle pleców [bulɛ plɛtsuf]
Salmonellen	salmonele [salmɔnɛllɛ]
Scharlach	szkarlatyna [ʃkarlatina]
Schlaflosigkeit	bezsenność *(f)* [bɛssɛnnɔɕtɕ]
Schlaganfall	udar mózgu [udar muzgu]; apopleksja [apɔplɛksja]
Schmerzen	bóle [bulɛ]
Schnittwunde	rana cięta [rana tɕɛnta]
Schwindel	zawrót głowy [zavrut gwɔvi]
Sehstörungen	zaburzenia wzroku [zabuʒɛɲa vzrɔku]
Seitenstich	kolka [kɔlka]
Sodbrennen	zgaga [zgaga]
Sonnenbrand	oparzenie słoneczne [ɔpaʒɛɲɛ swɔnɛtʃnɛ]
Sonnenstich	porażenie słoneczne [pɔraʒɛɲɛ swɔnɛtʃnɛ]; udar słoneczny [udar swɔnɛtʃni]
Stirnhöhlenentzündung	zapalenie zatok czołowych [zapalɛɲɛ zatɔk tʃɔwɔvix]
Übelkeit	mdłości *(pl)* [mdwɔɕtɕi]
Verbrennung	oparzenie [ɔpaʒɛɲɛ]
Verdauungsstörung	zaburzenia *(pl)* trawienia [zabuʒɛɲa travˌɛɲa]
Vergiftung	zatrucie [zatrutɕɛ]
Verletzung	skaleczenie [skalɛtʃɛɲɛ]
Verstopfung	zatwardzenie [zatfardzɛɲɛ]; obstrukcja [ɔpstruktsja]
wehtun	boleć [bɔlɛtɕ]
Wunde	rana [rana]
Zecke	kleszcz [klɛʃtʃ]
Zyste	cysta [tsista]]

IM NOTFALL

KRANKENHAUS

Attest	zaświadczenie lekarskie [zaɕfjattʃɛɲɛ lɛkarscɛ]
Bescheinigung	zaświadczenie [zaɕfjattʃɛɲɛ]
Besuchszeit	godziny *(pl)* wizyt [gɔdʑini vˌizit]
bewusstlos	nieprzytomny [ɲɛpʃitɔmni]
Blinddarm	wyrostek robaczkowy [virɔstɛk rɔbatʃkɔvi]; *(fam)* ślepa kiszka [ɕlɛpa ciʃka]
Blut	krew [krɛf]
Blutgruppe	grupa krwi [grupa krfˌi]
Brust	pierś [pˌiɛrɕ]
Bypass	bypass [bajpas]
Chirurg/in	chirurg [ɕirurg]
Darm	jelito [jɛlˌitɔ]
desinfizieren	dezynfekować [dɛzinfɛkɔvatɕ]
Diagnose	diagnoza [dˌjagnɔza]
Diät	dieta [dˌjɛta]
Eiter	ropa [rɔpa]
sich erbrechen	wymiotować [vimˌiɔtɔvatɕ]
Facharzt	specjalista *(m)* [spɛtsjalˌista]
Gallenblase	woreczek żółciowy [vɔrɛtʃɛk ʒuwtɕɔvi]
Gehirn	mózg [musk]
Gehör	słuch [swux]
Gelenk	staw [staf]
Geschlechtsorgane	narządy płciowe [naʒɔndi pwtɕɔvɛ]
Haut	skóra [skura]
Herz	serce [sɛrtsɛ]
Herzschrittmacher	rozrusznik serca [rɔzruʃnik sɛrtsa]
Herzspezialist	kardiolog [kardˌjɔlɔg]
Husten	kaszel [kaʃɛl]
Impfpass	karta szczepień [karta ʃtʃɛpˌɛɲ]
Impfung	szczepienie [ʃtʃɛpˌɛɲɛ]
Infusion	infuzja [infuzja]
Knochen	kość *(f)* [kɔɕtɕ]
krank	chory [xɔri]

IM NOTFALL

Krankenhaus	szpital [ʃpˌital]
Krankenkasse	kasa chorych [kasa xɔrix]
Krankenpfleger	pielęgniarz [pˌɛlɛ̃gnaʃ]
Krankenschein	poświadczenie ubezpieczenia na wypadek choroby [pɔɕfˌattʃɛɲɛ ubɛspˌɛtʃɛɲa na vipadɛk xɔrɔbi]
Krankenschwester	pielęgniarka [pˌɛlɛ̃gnarka]; siostra *(fam)* [ɕɔstra]
Leber	wątroba [vɔntrɔba]
Lunge	płuco [pwutsɔ]
Magen	żołądek [ʒɔwɔndɛk]
Mandeln	migdały [mˌigdawi]
Menstruation	miesiączka [mˌɛɕɔntʃka]; menstruacja [mɛnstruatsja]
Muskel	mięsień [mˌɛ̃ɕɛɲ]
nähen	szyć [ʃitɕ]
Narbe	blizna [blˌizna]
Narkose	narkoza [narkɔza]; znieczulenie [zɲɛtʃulɛɲɛ]
Nase	nos [nɔs]
Nerv	nerw [nɛrf]
nervös	nerwowy [nɛrvɔvi]
Niere	nerka [nɛrka]
Operation	operacja [ɔpɛratsja]
Prothese	proteza [prɔtɛza]
Puls	puls [puls]
Rippe	żebro [ʒɛbrɔ]
röntgen	prześwietlać [pʃɛɕfˌɛtlatɕ]
Röntgenaufnahme	prześwietlenie [pʃɛɕfˌɛtlɛɲɛ]
Schiene	szyna [ʃina]
Schwangerschaft	ciąża [tɕɔ̃ʒa]
schwitzen	pocić się [pɔtɕitɕ ɕɛ̃]
Speiseröhre	przełyk [pʃɛwɨk]
Sprechstunde	godziny *(pl)* przyjęć [gɔdʑini pʃijɛɲtɕ]
Spritze	zastrzyk [zastʃik]
Station	oddział [ɔddʑaw]
Stich	ukłucie [ukwutɕɛ]; ukąszenie [ukɛ̃ʃɛɲɛ]

IM NOTFALL

Stuhlgang	stolec [stɔlɛts]
Trommelfell	bębenek [bɛmbɛnɛk]
Ultraschall-untersuchung	badanie ultradźwiękowe [badaɲɛ ultradʑvˌɛŋkɔvɛ]
Unterleib	podbrzusze [pɔdbʒuʃɛ]
Untersuchung	badanie [badaɲɛ]
Urin	mocz [mɔtʃ]
Verband	opatrunek [ɔpatrunɛk]
verbinden	zabandażować [zabandaʒɔvatɕ]
Verdauung	trawienie [travˌɛɲɛ]
verschreiben	zapisywać/zapisać [zapˌisivatɕ/zapˌisatɕ]
Virus	wirus [vˌirus]
Wartezimmer	poczekalnia [pɔtʃɛkalɲa]
Wirbelsäule	kręgosłup [krɛŋgɔswup]
Zehe	paluch [palux]

Beim Zahnarzt

Ich habe (starke) Zahnschmerzen.
Mam (ostre) bóle zęba.
[mam (ɔstrɛ) bulɛ zɛmba]

Ich habe eine Füllung verloren.
Wypadła mi plomba.
[vipadwa mˌi plɔmba]

Mir ist ein Zahn abgebrochen.
Złamał mi się ząb.
[zwamaw mˌi ɕɛ̃ zɔmp]

Backenzahn	ząb trzonowy [zɔmp tʃɔnɔvi]
Brücke	mostek [mɔstɛk]
Kiefer	szczęka [ʃtʃɛŋka]
Krone	koronka [kɔrɔŋka]
Loch	dziura (w zębie) [dʑura (vˌzɛmbˌɛ)]

Plombe	plomba [plɔmba]
Prothese	proteza [prɔtɛza]
Schneidezahn	siekacz [ɕɛkatʃ]
Weisheitszahn	ząb mądrości [zɔmp mɔ̃drɔɕtɕi]
Zahn	ząb [zɔmp]
Zahnfleisch	dziąsło [dʑɔ̃swɔ]
Zahnschmerzen	ból zęba [bul zɛmba]
ziehen	wyrywać/wyrwać (ząb) [vɨrɨvatɕ/vɨrvatɕ (zɔmp)]

Bankgeschäfte tätigen

Können Sie mir bitte sagen, wo hier eine Bank ist?
Proszę mi powiedzieć, gdzie tu jest bank.
[prɔʃɛ̃ m‿i pɔvjɛdʑɛtɕ, gdʑɛ tu jɛst baŋk]

Ich möchte ... Euro (Schweizer Franken) in Zloty wechseln.
Chciałbym/chciałabym wymienić… euro (franków szwajcarskich) na złotówki. [xtɕawbɨm/xtɕawabɨm vɨm‿ɛɲitɕ … ɛwrɔ (fraŋkuf ʃfajtsarscix) na zwɔtufci]

Ich möchte ... einlösen.
Chciałbym/chciałabym zrealizować…
[xtɕawbɨm/xtɕawabɨm zrɛal‿izɔvatɕ]

– diesen Reisescheck
  ten czek podróżny.
  [tɛn tʃɛk pɔdruʒnɨ]

KANTOR In Polen wechseln Sie am besten in einer Wechselstube (**kantor**) Zloty ein. Sie bieten einen besseren Kurs als Banken. Oft befinden sie sich in kleinen Läden oder Postämtern. Die Kurse sollten Sie trotzdem auf alle Fälle vergleichen.

Der Geldautomat akzeptiert meine Karte nicht.
Bankomat nie akceptuje mojej karty.
[baŋkɔmat ɲɛ aktsɛptujɛ mɔjɛj kartɨ]

Der Geldautomat gibt meine Karte nicht mehr heraus.
Bankomat nie chce oddać mi mojej karty.
[baŋkɔmat ɲɛ xtsɛ ɔddatɕ mʲi mɔjɛj kartɨ]

auszahlen	wypłacać/wypłacić [vɨpwatsatɕ/vɨpwatɕitɕ]
Bank	bank [baŋk]
bar	gotówką [gɔtufkɔ̃]; w gotówce [v‿gɔtuftsɛ]
Bargeld	gotówka [gɔtufka]
Bearbeitungsgebühr	opłata manipulacyjna [ɔpwata maɲipulatsɨjna]
Betrag	kwota [kfɔta]; suma [suma]
Cent	cent [tsɛnt]
Euro	euro [ɛwrɔ]
Geld	pieniądze (pl) [pʲɛɲɔndʑɛ]
Geldautomat	automat bankowy [awtɔmat baŋkɔvi]
Geldschein	banknot [baŋknɔt]
Geldwechsel	wymiana pieniędzy [vɨmʲjana pʲɛɲɛndʑɨ]
Kleingeld	drobne (pl) [drɔbnɛ]
Konto	konto [kɔntɔ]
Kreditkarte	karta kredytowa [karta krɛdɨtɔva]
Ladeterminal	bankomat [baŋkɔmat]
Münze	moneta [mɔnɛta]
Quittung	pokwitowanie [pɔkvʲitɔvaɲɛ]
Reisescheck	czek podróżny [tʃɛk pɔdruʒnɨ]
Scheck	czek [tʃɛk]
Schweizer Franken	frank szwajcarski [fraŋk ʃfajtsarsci]
umtauschen	wymieniać [vɨmʲɛɲatɕ]
Währung	waluta [valuta]
Wechselkurs	kurs wymiany [kurs vɨmʲjanɨ]

Zahlung	opłata [ɔpwata]; płatność [pwatnɔɕtɕ]
Zloty	złoty [zwɔti]

Fundbüro

Können Sie mir bitte sagen, wo das Fundbüro ist?
Przepraszam, gdzie znajduje się biuro rzeczy znalezionych?
[pʃɛpraʃam, ɡdʑɛ znajdujɛ ɕɛ bjurɔ ʒɛtʃi znalɛzɔnix]

Ich habe ... verloren.
Zgubiłem/zgubiłam...
[zɡubˌiwɛm/zɡubˌiwam]

Würden Sie mich bitte benachrichtigen, wenn sie gefunden werden sollte?
Proszę mnie zawiadomić, gdyby została znaleziona.
[prɔʃɛ̃ mɲɛ zavˌjadɔmˌitɕ, ɡdibi zɔstawa znalɛzɔna]

Hier ist meine Hotelanschrift/Heimatadresse.
Tu jest adres mojego hotelu/mój adres domowy.
[tu jɛst adrɛs mɔjɛɡɔ xɔtɛlu/muj adrɛs dɔmɔvi]

Im Internetcafé

Wo gibt es in der Nähe ein Internetcafé?
Czy jest tu w pobliżu kafejka internetowa?
[tʃi jɛst tu f pɔblˌiʒu kafɛjka intɛrnɛtɔva]

Ich möchte ...
Chciałbym/chciałabym...
[xtɕawbim/xtɕawabim]

– im Internet surfen.
skorzystać z Internetu.
[skɔʒistatɕ z intɛrnɛtu]

- *einen Drucker benutzen.*
  skorzystać z drukarki.
  [skɔʒistatɕ z‿drukarki]
- *einen Scanner benutzen.*
  skorzystać ze skanera.
  [skɔʒistatɕ ze skanɛra]
- *eine CD brennen.*
  wypalić płytę CD.
  [vipalitɕ pwitẽ sidi]

Wie viel kostet eine Stunde/Viertelstunde?
Ile kosztuje godzina/kwadrans?
[ilɛ kɔʃtujɛ gɔdʑina/kvadrans]

Kann ich ... mit diesem Computer verbinden?
Czy mogę przyłączyć do komputera...?
[tʃi mɔgẽ pʃiwɔntʃitɕ dɔ kɔmputɛra]

- *meinen USB-Stick*
  mój pendrive
  [muj pɛndrajv]
- *meine Kamera*
  mój aparat
  [muj aparat]
- *meinen MP3-Player*
  mój odtwarzacz MP3
  [muj ɔttfaʒatʃ ɛm pɛ tʃi]

Kann ich eine Seite ausdrucken?
Czy mogę wydrukować tą stronę?
[tʃi mɔgẽ vidrukɔvatɕ tõ strɔnẽ]

Ich habe Probleme mit dem Computer.
Mam problemy z komputerem.
[mam prɔblɛmi s‿kɔmputɛrɛm]

Kann ich bei Ihnen Fotos von meiner Digitalkamera auf CD brennen?
Czy mogę przegrać zdjęcia z aparatu cyfrowego na płytę CD? [tʃi mɔgẽ pʃɛgratɕ zdjɛntɕa z‿aparatu tsifrɔvɛgɔ na pwitẽ s‿idi]

Bei der Polizei

Könnten Sie mir bitte sagen, wo das nächste Polizeirevier ist?
Przepraszam, gdzie jest najbliższy komisariat policji?
[pʃepraʃam, gdʑɛ jɛst najblˌiʃʃɨ kɔmˌisarˌjat pɔlˌitsji]

Ich möchte ... anzeigen.
Chciałbym/chciałabym zgłosić...
[xtɕawbɨm/xtɕawabɨm zgwɔɕitɕ]

- *einen Diebstahl*
  kradzież. [kradʑɛʃ]
- *einen Überfall*
  napad. [napat]

Mir ist ... gestohlen worden.
Ukradziono mi... [ukradʑɔnɔ mˌi]

- *die Handtasche*
  torebkę. [tɔrɛpkɛ̃]
- *die Brieftasche*
  portfel. [pɔrtfɛl]
- *mein Fotoapparat*
  mój aparat fotograficzny.
  [muj aparat fɔtɔgrafˌitʃnɨ]
- *mein Auto/mein Fahrrad*
  mój samochód/mój rower.
  [muj samɔxut/muj rɔvɛr]

Mein Auto ist aufgebrochen worden.
Włamano się do mojego auta.
[vwamanɔ ɕɛ̃ dɔ mɔjɛgɔ awta]

Aus meinem Auto ist ... gestohlen worden.
Z mojego auta ukradziono...
[z‿mɔjɛgɔ awta ukradʑɔnɔ]

Mein Sohn/Meine Tochter ist verschwunden.
Mój syn zaginął/moja córka zaginęła.
[muj sɨn zaɟinɔw/mɔja tsurka zaɟinɛwa]

IM NOTFALL

aufbrechen	włamać się [vwamatɕ ɕɛ̃]
belästigen	napastować [napastɔvatɕ]
beschlagnahmen	skonfiskować [skɔnfʲiskɔvatɕ]
Brieftasche	portfel [pɔrtfɛl]
Dieb	złodziej [zwɔdʑej]
Diebstahl	kradzież (f) [kradʑɛʃ]
Geldbörse	portmonetka [pɔrtmɔnetka]
Papiere	dokumenty [dɔkumɛnti]
Personalausweis	dowód osobisty [dɔvut ɔsɔbʲisti]
Polizei	policja [pɔlʲitsja]
Polizeiwagen	samochód/radiowóz policyjny [samɔxut/radʲjɔvus pɔlʲitsijni]
Polizist/in	policjant/ka [pɔlʲitsjant/ka]
Rauschgift	narkotyk [narkɔtik]
Rechtsanwalt	adwokat [advɔkat]
Reisepass	paszport [paʃpɔrt]
Richter/in	sędzia/sędzina [sɛndʑa/sɛndʑina]
Scheck	czek [tʃɛk]
Scheckkarte	karta czekowa [karta tʃɛkɔva]
Schlüssel	klucz [klutʃ]
Schmuggel	przemyt [pʃɛmit]
Schuld	wina [vʲina]
sexuelle Belästigung	molestowanie seksualne [mɔlɛstɔvaɲɛ sɛksualnɛ]
Taschendieb	złodziej kieszonkowy [zwɔdʑej cɛʃɔnkɔvi]
Überfall	napad [napat]
Untersuchungshaft	areszt śledczy [arɛʃt ɕlettʃi]
Verbrechen	przestępstwo [pʃɛstɛmpstfɔ]
Vergewaltigung	gwałt [gvawt]
verhaften	aresztować [arɛʃtɔvatɕ]
verlieren	przegrywać/przegrać [pʃɛgrivatɕ/pʃɛgratɕ]
Zeuge/Zeugin	świadek [ɕfjadɛk]
zusammenschlagen	bić/pobić [bʲitɕ/pobitɕ]

Auf der Post

Können Sie mir bitte sagen, wo ... ist?
Przepraszam, gdzie jest...
[pʃɛpraʃam, gdʑɛ jɛst]

- *das nächste Postamt*
  najbliższa poczta?
  [najbliʃʃa pɔtʃta]
- *der nächste Briefkasten*
  najbliższa skrzynka pocztowa?
  [najbliʃʃa skʃinka pɔtʃtɔva]

Diesen Brief bitte per ...
Ten list proszę jako...
[tɛn list prɔʃɛ̃ jakɔ]

- *Luftpost*
  lotniczy [lɔtɲitʃi]
- *Express*
  ekspres [ɛksprɛs]
- *Einschreiben*
  polecony [pɔlɛtsɔni]
- *nach Deutschland*
  do Niemiec [dɔ ɲɛmiɛts]
- *nach Österreich*
  do Austrii [dɔ awstrji]
- *in die Schweiz*
  do Szwajcarii [dɔ ʃfajtsarji]

Haben Sie Sondermarken?
Czy ma pan/pani znaczki okolicznościowe?
[tʃi ma pan/paɲi znatʃci ɔkɔlitʃnɔɕtɕɔvɛ]

Absender	nadawca *(m)* [nadaftsa]
Adresse	adres [adrɛs]
Brief	list [list]
Briefkasten	skrzynka pocztowa [skʃinka pɔtʃtɔva]
Briefmarke	znaczek pocztowy [znatʃɛk pɔtʃtɔvi]

IM NOTFALL

Eilbrief	ekspres [ɛksprɛs]; list ekspresowy [lˌist ɛksprɛsɔvɨ]
Einschreibebrief	list polecony [lˌist pɔlɛtsɔni]
Empfänger	odbiorca *(m)* [ɔdbˌjɔrtsa]
frankieren	frankować [frankɔvatɕ]; nalepić znaczek [nalɛpˌitɕ znatʃɛk]
Gebühr	opłata [ɔpwata]
Gewicht	waga [vaga]
Leerung	wyjmowanie listów [vɨjmɔvaɲɛ lˌistuf]
Päckchen	paczuszka [patʃuʃka]
Paket	paczka [patʃka]
Porto	porto [pɔrtɔ]; opłata [ɔpwata]
Postamt	poczta [pɔtʃta]
Postkarte	pocztówka [pɔtʃtufka]
Postleitzahl	kod pocztowy [kɔt pɔtʃtɔvɨ]
Wertangabe	wartość *(f)* [vartɔɕtɕ]
Zollerklärung	deklaracja celna [dɛklaratsja tsɛlna]

Telefonieren

Ich möchte nach ... telefonieren.
Chcę zadzwonić do...
[xtsɛ̃ zadzvɔɲitɕ dɔ]

Wie viel kostet es pro Minute?
Ile kosztuje minuta rozmowy?
[ilɛ kɔʃtujɛ minuta rɔzmɔvɨ]

Ich möchte ...
Chciałbym/chciałabym...
[xtɕawbɨm/xtɕawabɨm]

– *eine Telefonkarte.*
 kupić kartę telefoniczną.
 [kupˌitɕ kartɛ̃ tɛlɛfɔɲitʃnɔ̃]

- ein R-Gespräch führen.
zadzwonić na koszt odbiorcy.
[zadzvɔɲitɕ na kɔʃt ɔdbjɔrtsi]

Wie ist bitte die Vorwahl von ...?
Jaki jest numer kierunkowy do...?
[jaci jɛst numɛr cɛrunkɔvɨ dɔ]

EIN TELEFONGESPRÄCH FÜHREN

Hier spricht ...
Tu mówi... [tu muv‿i]

Hallo, mit wem spreche ich, bitte?
Halo, z kim rozmawiam?
[xalɔ, s‿cim rɔzmavjam]

Kann ich bitte Herrn/Frau ... sprechen?
Czy mogę rozmawiać z panem/z panią...?
[tʃɨ mɔgɛ̃ rɔzmavjatɕ s‿panɛm/paɲɔ̃]

Möchten Sie eine Nachricht hinterlassen?
Czy chce pan/pani zostawić wiadomość?
[tʃɨ xtsɛ pan/paɲi zɔstav‿itɕ vjadɔmɔɕtɕ]

Anruf	telefon [tɛlɛfɔn]
anrufen	dzwonić/zadzwonić [dzvɔɲitɕ/zadzvɔɲitɕ]
Auskunft	informacja [infɔrmatsja]
Auslandsgespräch	rozmowa międzynarodowa [rɔzmɔva m‿ɛndzɨnarɔdɔva]
Ferngespräch	rozmowa międzymiastowa [rɔzmɔva m‿ɛndzɨm‿jastɔva]
Gebühr	opłata [ɔpwata]
Gespräch	rozmowa [rɔzmɔva]
Handy	telefon komórkowy [tɛlɛfɔn kɔmurkɔvɨ]; komórka *(fam)* [kɔmurka]
Ortsgespräch	rozmowa miejscowa [rɔzmɔva m‿ɛjstsɔva]
R-Gespräch	rozmowa r-ka [rɔzmɔva ɛrka]
Telefon	telefon [tɛlɛfɔn]

IM NOTFALL

Telefonbuch	książka telefoniczna [kɔ̃ʃka tɛlɛfɔɲitʃna]
Telefonkarte	karta telefoniczna [karta tɛlɛfɔɲitʃna]
Telefonnummer	numer telefonu [numɛr tɛlɛfɔnu]
Telefonzelle	budka telefoniczna [butka tɛlɛfɔɲitʃna]
Verbindung	połączenie [pɔwɔ̃tʃɛɲɛ]
Vorwahlnummer	numer kierunkowy [numɛr cɛrunkɔvɨ]

Mit dem Handy

Mein Akku ist leer. Haben Sie ein Ladekabel für mich?
Moja bateria jest pusta. Czy ma pan/pani może ładowarkę? [mɔja batɛrja jɛst pusta. tʃɨ ma pan/paɲi mɔʒɛ wadɔvarkɛ̃]

Ich möchte meine Karte aufladen.
Chciałbym/chciałabym doładować kartę.
[xtɕawbɨm/xtɕawabɨm dɔwadɔvatɕ kartɛ̃]

Mein Provider ist ...
Moim operatorem jest...
[mɔim ɔpɛratɔrɛm jɛst]

Ich hätte gerne ..., bitte.
Poproszę...
[pɔprɔʃɛ̃]

– *ein Handy mit einer Prepaid-Karte*
 telefon z kartą.
 [tɛlɛfɔn z kartɔ̃]
– *eine SIM-Karte*
 kartę SIM.
 [kartɛ̃ sˌim]

Geben Sie mir bitte eine Tarifübersicht.
Proszę mi dać przegląd stawek taryfowych.
[prɔʃɛ̃ m‿i datɕ pʃɛglɔ̃t stavɛk tarifɔvix]

Haben Sie Guthabenkarten der Mobilfunkgesellschaft ...?
Czy są karty na doładowanie z telefonii...?
[tʃi sɔ̃ kartɨ na dɔwadɔvaɲɛ s‿tɛlɛfɔɲi]

Ladegerät	ładowarka [wadɔvarka]
Prepaid-Guthaben	ilość impulsów na karcie
	[ilɔɕtɕ impulsuf na kartɕɛ]
SIM-Karte	karta SIM [karta sim]
Smartphone	smartfon [smartfɔn]

Toilette und Bad

Wo ist bitte die Toilette?
Przepraszam, gdzie jest toaleta?
[pʃɛpraʃam, gdʑɛ jɛst tɔalɛta]

Damen	damska [damska]
Handtuch	ręcznik [rɛ̃tʃɲik]
Herren	męska [mɛ̃ska]
Seife	mydło [mɨdwɔ]
Toilettenpapier	papier toaletowy
	[papjɛr tɔalɛtɔvɨ]
Wasserspülung	spłuczka [spwutʃka]

GUT ZU WISSEN Sehr oft sind Damentoiletten mit einem Kreis und Herrentoiletten mit einem Dreieck gekennzeichnet. In der Regel wird ein kleines Entgelt verlangt.

IM NOTFALL

Im Notfall

die **Brandbekämpfung**
gaszenie ognia
[gaʃɛ̃ɲɛ ɔɡɲa]

der **Diebstahl**
kradzież
[kradʑeʃ]

der **Einbruch**
włamanie
[vwãmãɲɛ]

der **Feuerlöscher**
gaśnica
[gaɕɲitsa]

der **Notausgang**
wyjście awaryjne
[vijɕtɕe avarijnɛ]

die **Notrufnummer**
numer telefonu alarmowego
[nũmɛr tɛlɛfɔnu alarmɔvɛɡɔ]

der **Raubüberfall**
napad rabunkowy
[napat rabunkɔvi]

der **Rettungshubschrauber**
helikopter ratunkowy
[xɛlikɔptɛr ratũnkɔvi]

der **Rettungsring**
koło ratunkowe
[kɔwɔ ratũnkɔvɛ]

der **Sammelpunkt**
punkt zborny
[pũŋkt sbɔrnɨ]

die **Schwimmweste**
kamizelka ratunkowa
[kamiselka ratũnkɔva]

der **Taschendieb**
kieszonkoiec
[kjeʃɔnkɔvjeʦ]

WÖRTERBUCH

Polnisch – Deutsch 140
Deutsch – Polnisch 167

WÖRTERBUCH POLNISCH – DEUTSCH

A

a [a] und
aby [abɨ] damit; dass
adapter [adaptɛr] Adapter
adres [adrɛs] Adresse
adwokat(ka) [advɔkat(ka)]
 Rechtsanwalt, -anwältin
agrafka [agrafka]
 Sicherheitsnadel
akt [akt] Akt
aktualny [aktualnɨ] gültig
akurat [akurat] gerade;
 zeitlich
albo... albo [albɔ albɔ]
 entweder ... oder
albo [albɔ] oder
ale [alɛ] aber
alergia [alɛrjia] Allergie
alternator [altɛrnatɔr]
 Lichtmaschine
angielski [aŋɡʲɛlsci] englisch
angina [anjina] Angina
anulować [anulɔvatɕ]
 stornieren
aparat cyfrowy [aparat tsɨfrɔvɨ]
 Digitalkamera
aparat fotograficzny
 [aparat fɔtɔɡrafʲitʂnɨ]
 Fotoapparat
apteka [aptɛka] Apotheke
aresztować [arɛʂtɔvatɕ]
 verhaften
artykuły sportowe
 [artɨkuwɨ spɔrtɔvɛ]
 Sportartikel
aspiryna [aspʲirɨna]
 Aspirin®
astma [astma] Asthma
atest [atɛst] Attest
Austria [awstrja] Österreich
Austriak/Austriaczka
 [awstrjak/awstrjatʃka]
 Österreicher(in)
auto [awtɔ] Auto
autobus [awtɔbus] Bus
autobus miejski
 [awtɔbus mʲɛjsci]
 Stadtbus
autokasko [awtɔkaskɔ]
 Vollkasko
automat do kawy
 [awtɔmat dɔ kavɨ]
 Kaffeemaschine
autostrada [awtɔstrada]
 Autobahn
awaria [avarja] Panne

B

babcia [baptɕa] Großmutter
babka [bapka] Großmutter;
 (Essen) Napfkuchen
babyfon [bɛjbifɔn]
 Babyfon®
bać się [batɕ ɕɛ̃] fürchten
badanie [badaɲɛ]
 Untersuchung
bagaż [baɡaʂ] Gepäck
bagażnik [baɡaʐnik]
 Kofferraum
bak [bak] Tank
balkon [balkɔn] Balkon
Bałtyk [bawtik] Ostsee
bandaż [bandaʂ] Verband;
 ~ elastyczny [ɛlastɨtʂnɨ]
 Elastikbinde
bank [baŋk] Bank
bankomat [baŋkɔmat]
 Ladeterminal; Geldautomat
bar [bar] Bar; Imbiss
bardzo [bardzɔ] sehr
basen [basɛn]
 Swimmingpool; **~ dla dzieci**
 [basɛn dla dʑɛtɕi]
 Kinderbecken
bateria [batɛrja] Batterie
bazylia [bazilja] Basilikum
bez [bɛs] ohne
bez barier [bɛs barjɛr]
 barrierefrei
bez cła [bɛs tswa] zollfrei
bezalkoholowy
 [bɛzalkɔxɔlɔvɨ] alkoholfrei
bezpiecznie [bɛspʲetʂɲɛ]
 sicher
bezpieczny [bɛspʲetʂnɨ]
 sicher

140

bezpłatny [bɛspwatni] frei; kostenlos
bezpośrednio [bɛspɔɕrɛdnɔ] direkt
bezprogowy [bɛsprɔgɔvi] ebenerdig
bezwartościowy [bɛzvartɔɕtɕɔvi] wertlos
beżowy [bɛʒɔvi] beige
biały [bjawi] weiß
biec [bjɛts] rennen; laufen
bieg [bjɛk] Gang (im Auto)
bieg jałowy [bjɛk jawɔvi] Leerlauf
biegać [bjɛgatɕ] laufen; joggen
biegunka [bjɛguŋka] Durchfall
bielizna [bjɛlˌizna] Unterwäsche
bikini [bˌiciɲi] Bikini
bilet [bˌilɛt] Fahrkarte; Fahrschein
bilet dla dziecka [bˌilɛt dla dʑɛtska] Kinderfahrkarte
bilet powrotny [bˌilɛt pɔvrɔtni] Rückfahrkarte
bilet wstępu [bˌilɛt fstɛmpu] Eintrittskarte
biuro podróży [bjurɔ pɔdruʑi] Reisebüro
biustonosz [bjustɔnɔʃ] BH
blisko [blˌiskɔ] nah; nahe
blizna [blˌizna] Narbe
bluzka [bluska] Bluse
błąd [bwɔnt] Fehler
błędny [bwɛndni] falsch
bo [bɔ] weil
bogaty [bɔgati] reich
boleć [bɔlɛtɕ] schmerzen; wehtun
Boże Narodzenie [bɔʒɛ narɔdzɛɲɛ] Weihnachten
Bóg [buk] Gott
ból gardła [bul gardwa] Halsschmerzen
ból żołądka [bul ʒɔwɔntka] Magenschmerzen
bóle [bulɛ] Schmerzen
bóle głowy [bulɛ gwɔvi] Kopfschmerzen
bóle pleców [bulɛ plɛtsuf] Rückenschmerzen
buty do wędrówki/buty trekingowe [buti dɔ vɛndrufki/ buti trɛcingɔvɛ] Wander-/ Trekkingschuh
brak [brak] Fehler
brakować [brakɔvatɕ] fehlen
brązowy [brɔ̃zɔvi] braun
bronchit [brɔnxˌit] Bronchitis
broszka [brɔʃka] Brosche
brudno [brudnɔ] schmutzig
brudny [brudni] schmutzig
brzeg [bʒɛk] Ufer; Küste
budka telefoniczna [butka tɛlɛfɔɲitʃna] Telefonzelle
bułka [buwka] Brötchen
bungalow [bungalɔv] Bungalow
but [but] Schuh
butelka [butɛlka] Flasche
butelka do picia [butɛlka dɔ pˌitɕa] Trinkflasche
butla gazowa [butla gazɔva] Gasflasche
być [bitɕ] sein
być głodnym [bitɕ gwɔdnim] hungrig sein
być przeciwko [bitɕ pʃɛtɕifkɔ] dagegen sein
być za [bitɕ za] dafür sein
bypass [bajpas] Bypass

##

całkiem [tsawcɛm] ganz
całkowity [tsawkɔvˌiti] ganz; vollständig
całodzienne wyżywienie [tsawɔdʑɛnnɛ viʑivˌjɛɲɛ] Vollpension
cały [tsawi] ganz
cebula [tsɛbula] Zwiebeln
cel [tsɛl] Ziel
cena [tsɛna] Preis
cent [tsɛnt] Cent

centrum [tsɛntrum]
Zentrum
chcieć [xtɕɛtɕ] mögen;
wollen
chętnie [xɛntɲɛ] gern
chirurg [ɕirurg] Chirurg
chlapacz [xlapatʃ] Mantel
chleb [xlɛp] Brot
chleb pełnoziarnisty
[xlɛp pɛwnɔzarɲisti]
Vollkornbrot
chleb pszenny [xlɛp pʃɛnni]
Weißbrot
chleb razowy [xlɛp razɔvi]
Schwarzbrot
chłodny [xwɔdni] kühl
chłopiec [xwɔpjɛts] Junge
chociaż [xɔtɕaʃ] obwohl;
wenigstens
choroba [xɔrɔba] Krankheit
chory [xɔri] krank
chór [xur] Chor
chudy [xudi] mager
chusteczki higieniczne
[xustɛtʃci ɕijɛɲitʃnɛ]
Papiertaschentücher
ciasny [tɕasni] eng
ciasteczka [tɕastɛtʃka]
Kekse
ciasto [tɕastɔ] Kuchen
ciągnąć [tɕɔŋgnɔntɕ] ziehen
ciąża [tɕɔ̃ʒa]
Schwangerschaft
cicho [tɕixɔ] still; leise
cichy [tɕixi] ruhig; still
ciebie [tɕɛbjɛ] dich
ciekawy [tɕɛkavi]
interessant; neugierig
cielęcina [tɕɛlɛ̃tɕina]
Kalbfleisch
ciemno [tɕɛmnɔ] dunkel
ciemny [tɕɛmni] dunkel
cienki [tɕɛnci] dünn
ciepła woda [tɕɛpwa vɔda]
warmes Wasser
ciepło [tɕɛpwɔ] warm
ciepły [tɕɛpwi] warm
cię [tɕɛ̃] dich
ciężki [tɕɛ̃ʃci] schwer
cisza [tɕiʃa] Ruhe (Stille)
ciśnienie krwi
[tɕiɕɲɛɲɛ krfˌi]
Blutdruck

cło [tswɔ] Zoll
co [tsɔ] was
co godzinę [cɔ gɔdʑinɛ̃]
stündlich
co najmniej [tsɔ najmɲɛj]
wenigstens; mindestens
codziennie [tsɔdʑɛɲɲɛ]
täglich
coś [tsɔɕ] etwas
córka [tsurka] Tochter
cukier [tsucɛr] Zucker
cukierki [tsucɛrci]
Bonbons
cygaro [tsigarɔ] Zigarre
cysta [tsista] Zyste
czajnik elektryczny
[tʃajnik ɛlɛktritʃni]
Wasserkocher
czarny [tʃarni] schwarz
czas [tʃas] Zeit; **na ~** [na
tʃas] rechtzeitig
czas przyjazdu/przylotu
[tʃas pʃijazdu/pʃilɔtu]
Ankunftszeit
czasem [tʃasɛm] manchmal
czasopismo [tʃasɔpˌismɔ]
Zeitschrift
czekać na [tʃɛkatɕ na]
erwarten (warten auf)
czekolada [tʃɛkɔlada]
Schokolade
czerwony [tʃɛrvɔni] rot
czesać [tʃɛsatɕ] kämmen
często [tʃɛ̃stɔ] oft; häufig
część [tʃɛ̃ɕtɕ] (f) Teil
człowiek [tʃwɔvjɛk]
Mensch
czuć [tʃutɕ] fühlen
czujny [tʃujni] wach
czwartek [tʃfartɛk]
Donnerstag
czy [tʃi] ob
czynsz [tʃinʃ] Miete
czysto [tʃistɔ] (Adverb)
sauber
czysty [tʃisti] (Adjektiv)
klar; sauber
czytać [tʃitatɕ] lesen

ćwiczyć [tɕfˌitʃitɕ] üben

dać [datɕ] ➤ dawać
daleko [dalɛkɔ] weit *(Weg etc.)*
dane osobowe [danɛ ɔsɔbɔvɛ] Personalien
danie [danɛ] Gang; *(Essen)* Tagesgericht
danie główne [danɛ gwuvnɛ] Hauptspeise
data urodzenia [data urɔdzɛna] Geburtsdatum
dawać/dać [davatɕ/datɕ] geben
dawniej [davnɛj] *(Adverb)* früher; ehemals
defekt [dɛfɛkt] Defekt
deklaracja celna [dɛklaratsja tsɛlna] Zollerklärung
delikatesy [dɛlˌikatɛsi] *(Plural)* Feinkostgeschäft
delikatny [dɛlikatni] zart; fein; dünn
deser [dɛsɛr] Nachtisch
deszcz [dɛʃtʃ] Regen
dezynfekować [dɛzinfɛkɔvatɕ] desinfizieren
diagnoza [djagnɔza] Diagnose
dieta [djɛta] Diät
dla [dla] für (jemanden)
dług [dwuk] Schuld
długi [dwuʒi] lang
długopis [dwugɔpˌis] Kugelschreiber
do [dɔ] bis; nach; in; zu *(in Richtung)*
do tyłu [dɔ tiwu] *(Adverb)* rückwärts
dobry [dɔbri] *(Adjektiv)* gut
dobrze [dɔbʒɛ] *(Adverb)* gut
dodatkowy [dɔdatkɔvi] zusätzlich
dojrzały [dɔjʒawi] reif
dokładnie [dɔkwadɲɛ] *(Adverb)* genau

dokładnie tak... jak [dɔkwadɲɛ tak jak] genauso ... wie
dokładny [dɔkwadni] *(Adjektiv)* genau
dolina [dɔlˌina] Tal
dom [dɔm] Haus
dom towarowy [dɔm tɔvarɔvi] Kaufhaus
dom wczasowy [dɔm ftʃasɔvi] Ferienhaus
dookoła [dɔɔkɔwa] um *(räumlich)*
dopiero [dɔpjɛrɔ] erst; nicht früher als
dopuszczalny [dɔpuʃtʃalni] zulässig
dosyć [dɔsitɕ] genug
dość [dɔɕtɕ] ziemlich; genug
dowcip [dɔftɕip] Witz
dowód osobisty [dɔvut ɔsɔbˌisti] Personalausweis
dramat [dramat] Drama
drewno [drɛvnɔ] Holz
drobne [drɔbnɛ] *(Plural)* Kleingeld; Wechselgeld
droga [drɔga] (Land-)Straße
droga boczna [drɔga bɔtʃna] Nebenstraße
drogeria [drɔgɛrˌja] Drogerie
drogi [drɔʒi] *(Adjektiv)* teuer
drogo [drɔgɔ] *(Adverb)* teuer
drogowskaz [drɔgɔfskas] Wegweiser
drut [drut] Draht
drużyna [druʒina] Mannschaft
drzewo [dʒɛvɔ] Holz; Baum
duszony [duʃɔni] geschmort; gedünstet
dużo [duʒɔ] viel
duży [duʒi] groß
dworzec [dvɔʒɛts] Bahnhof
dworzec autobusowy [dvɔʒɛts awtɔbusɔvi] Busbahnhof
dworzec główny [dvɔʒɛts gwuvni] Hauptbahnhof
dymić [dimˌitɕ] rauchen

dziadek [dʑadɛk] Großvater
dziąsło [dʑɔ̃swɔ] Zahnfleisch
dzień [dʑɛɲ] Tag
dzień przyjazdu
 [dʑɛɲ pʃijazdu] Anreisetag
dzień roboczy [dʑɛɲ rɔbɔtʃi]
 Werktag
dzisiaj [dʑiɕaj] heute;
 ~ rano/wieczorem
 [dʑiɕaj ranɔ/vjetʃɔrɛm]
 heute Morgen/Abend
dziura [dʑura] Loch
dżem [dʒɛm] Marmelade

E

elektryczny [ɛlɛktritʃni]
 elektrisch
element [ɛlɛmɛnt] Teil
euro [ɛwrɔ] Euro

F

fałszywy [fawʃivi] falsch;
 betrügerisch
festiwal [fɛstival] Festival
filiżanka [filiʒaŋka] Tasse
film [film] Film
filtr do kawy [filtr dɔ kavi]
 Kaffeefilter
fioletowy [fɔlɛtɔvi] violett
folia spożywcza
 [fɔlja spɔʒiftʃa]
 Frischhaltefolie
fotelik dla dziecka
 [fɔtɛlik dla dʑɛtska]
 Kindersitz
frank szwajcarski
 [fraŋk ʃfajtsarsci]
 Schweizer Franken
frankować [fraŋkɔvatɕ]
 frankieren
fryzjer [frizjɛr] Friseur

G

garaż [garaʃ] Garage
garnitur [garnitur] Anzug
gaśnica [gaɕnitsa]
 Feuerlöscher

gaza [gaza] Mullbinde
gazeta [gazɛta] Zeitung
gdy [gdi] wenn; als *(zeitlich)*
gdyż [gdiʃ] denn; deshalb
głęboki [gwɛmbɔtɕi] tief
głośnik [gwɔɕnik]
 Lautsprecher
głośny [gwɔɕni] laut
główna ulica
 [gwuvna ulitsa]
 Hauptstraße
głupi [gwupi] dumm; blöd
gniazdko wtykowe
 [gnastkɔ ftikɔvɛ]
 Steckdose
godzina [gɔdʑina] Stunde
godziny otwarcia
 [gɔdʑini ɔtfartɕa]
 Öffnungszeiten
godziny wizyt
 [gɔdʑini vizit] *(Plural)*
 Besuchszeit
gogle [gɔglɛ] *(Plural)*
 Skibrille
goły [gɔwi] nackt
gorąco [gɔrɔntsɔ] *(Adverb)*
 heiß
gorączka [gɔrɔntʃka] Fieber
gorzki [gɔʃci] bitter
gość [gɔɕtɕ] Gast
gotować [gɔtɔvatɕ] kochen
gotowany [gɔtɔvani]
 gekocht
gotowy [gɔtɔvi] fertig
gotówka [gɔtufka] Bargeld
gotówką [gɔtufkɔ̃] bar
góra [gura] Berg
góry [guri] *(Plural)* Gebirge
granica [granitsa] Grenze
grill [gril] Grill
grota [grɔta] Höhle;
 Grotte
gruby [grubi] dick
grupa krwi [grupa krfi]
 Blutgruppe
grypa [gripa] Grippe
grzanka [gʒaŋka] Toast
 (Brot)
grzebień [gʒɛbjɛɲ] Kamm
grzeczny [gʒɛtʃni] höflich
grzyb [gʒip] Pilz
guma do żucia [guma
 dɔ ʒutɕa] Kaugummi

144

guzik [guʑik] Knopf
gwałt [gvawt]
Vergewaltigung

hamulec [xamulɛts] Bremse
hamulec ręczny
[xamulɛts rɛ̃tʃni]
Handbremse
handlarz starzyzną
[xandlaʃ staʒiznɔ̃] Trödler
herbata [xɛrbata] Tee

i [i] und
ich [ix] ihr (Possessivpronomen: Plural)
idea [idɛa] Idee
igła [igwa] Nadel
imię [imjɛ̃] Vorname
infekcja [infɛktsja] Infektion
informacja [infɔrmatsja]
Auskunft
infuzja [infuzja] Infusion
instytucja [institutsja]
Behörde
interesować się (czymś/kimś) [intɛrɛsɔvatɕ ɕɛ̃ (tʃimɕ/cimɕ)] sich interessieren (für)
ischias [isxjas] Ischias
iść [iɕtɕ] gehen
iść/pójść [iɕtɕ/pujɕtɕ]
weggehen

J

ja [ja] ich
jadalnia [jadalɲa]
Speisesaal; Frühstücksraum
jadalny [jadalni] essbar
jadłospis [jadwɔspis]
Speisekarte
jagnięcina [jagɲɛntɕina]
Lammfleisch
jak [jak] wie
jarzyny [jaʒini] (Plural)
Gemüse

jaskinia [jascina] Höhle
jasne [jasnɛ] (Adverb) klar; deutlich
jasny [jasni] (Adjektiv)
ausdrücklich; klar
jazda [jazda] Fahrt
jazz [dʒɛs] Jazz
jechać z powrotem
[jɛxatɕ s pɔvrɔtɛm]
zurückfahren
jednak [jɛdnak] trotzdem; doch
jednocześnie [jɛdnɔtʃɛɕɲɛ]
(Adverb) gleichzeitig
jednokolorowy
[jɛdnɔkɔlɔrɔvi] einfarbig
jedyny [jɛdini] einzig
jedzenie [jɛdzɛɲɛ] Essen
jej [jɛj] ihr
(Possessivpronomen: f)
jest/są [jɛst/sɔ̃] es gibt
jeszcze [jɛʃtʃɛ] noch
jeść [jɛɕtɕ] essen
jeśli [jɛɕli] wenn; falls
jezioro [jɛzɔrɔ] See
(Binnengewässer)
jeżeli [jɛʒɛli] wenn
język [jɛ̃zik] Zunge; Sprache
joga [jɔga] Yoga
jogurt [jɔgurt] Joghurt
jutro [jutrɔ] morgen
jutro rano/jutro wieczorem
[jutrɔ ranɔ/jutrɔ vjɛtʃɔrɛm] morgen früh/morgen Abend
już [juʃ] schon; bereits
już [juʃ] schon; bereits

kabaret [kabarɛt] Kabarett; Kleinkunstbühne
kabel do zasilania [kabɛl dɔ zaɕilaɲa] Ladekabel
kabel pomocniczy do rozruchu
[kabɛl pɔmɔtsnitʃi dɔ rɔzruxu] Starthilfekabel
kabina [kabina] Kabine
kamizelka ratunkowa
[kamizɛlka ratunkɔva]
Schwimmweste

kanister na benzynę [kaɲister na bɛnzinɛ̃] Benzinkanister
kanister na wodę [kaɲister na vɔdɛ̃] Wasserkanister
kapelusz [kapɛluʃ] Hut
kapelusz słoneczny [kapɛluʃ swɔnɛt͡ʃni] Sonnenhut
karetka pogotowia [karɛtka pɔgɔtɔvja] Krankenwagen
karta kredytowa [karta krɛditɔva] Kreditkarte
karta pamięci [karta pamjɛnt͡ɕi] Speicherkarte
karta płatnicza [karta pwatɲit͡ʃa] Geldkarte
karta pokładowa [karta pɔkwadɔva] Bordkarte
karta szczepień [karta ʃt͡ʃɛpjɛɲ] Impfpass
karta telefoniczna [karta tɛlɛfɔɲit͡ʃna] Telefonkarte
kasa [kasa] Kasse
kasa chorych [kasa xɔrix] Krankenkasse
kasko z wkładem własnym [kaskɔ s_fkwadɛm vwasnim] Teilkasko
kasownik [kasɔvɲik] Fahrscheinentwerter
kaszel [kaʃɛl] Husten
katar [katar] Schnupfen
kaucja [kawt͡sja] Kaution; Pfand
kawa [kava] Kaffee
kawał [kavaw] *(umgangssprachlich)* Witz
kawiarnia [kavjarɲa] Café
każdego dnia [kaʒdɛgɔ dɲa] jeden Tag
każdy [kaʒdi] jeder
kąpielówki [kɔmpjɛluft͡ɕi] *(Plural)* Badehose
kelner(ka) [kɛlnɛr(ka)] Kellner(in)

kemping [kɛmp ˌiŋk] Camping
kichać [cixat͡ɕ] niesen
kiczowaty [cit͡ʃɔvati] kitschig
kiedy [cɛdi] als *(zeitlich)*
kiełbasa [cɛwbasa] Wurst
kierunek [cɛrunɛk] Richtung
kilka [cilka] einige; ein paar
kilogram [cilɔgram] Kilogramm
kilometr [cilɔmɛtr] Kilometer
kino [cinɔ] Kino
kiosk z papierosami [kjɔsk s_papjɛrɔsam ˌi] Tabakladen
klasyka [klasika] Klassik
kleszcz [klɛʃt͡ʃ] Zecke
klimatyzacja [kl ˌimatizat͡sja] Klimaanlage
klucz [klut͡ʃ] Schlüssel
kluczyk zapłonowy [klut͡ʃik zapwɔnɔvi] Zündschlüssel
kobieta [kɔbjɛta] Frau
kochać [kɔxat͡ɕ] lieben
kod otwierający drzwi [kɔt ɔtfjɛrajɔt͡si dʒv ˌi] Türcode
kod pocztowy [kɔt pɔt͡ʃtɔvi] Postleitzahl
kolacja [kɔlat͡sja] Abendessen
kolczyki [kɔlt͡ʃici] Ohrringe
kolejka [kɔlɛjka] Warteschlange
kolejka miejska [kɔlɛjka mjɛjska] S-Bahn
kolorowy [kɔlɔrɔvi] farbig; bunt
kołdra [kɔwdra] Bettdecke
koło [kɔwɔ] Rad
koło ratunkowe [kɔwɔ ratunkɔvɛ] Rettungsring; Schwimmring
koło zapasowe [kɔwɔ zapasɔvɛ] Ersatzrad
komar [kɔmar] Mücke
kompetentny [kɔmpɛtɛntni] zuständig

koncert [kɔntsɛrt] Konzert
kondom [kɔndɔm] Kondom; Präservativ
koniec [kɔɲɛts] Ende
koniec; na ~ [na kɔɲɛts] zuletzt *(am Schluss)*
koniecznie [kɔɲɛtʃɲɛ] *(Adverb)* unbedingt
konieczny [kɔɲɛtʃɲi] *(Adverb)* notwendig
konsulat [kɔnsulat] Konsulat
kontakt [kɔntakt] Kontakt; Steckdose
konto [kɔntɔ] Konto
kontrola bezpieczeństwa [kɔntrɔla bɛspjetʃɛnstfa] Sicherheitskontrolle
kontrola paszportowa [kɔntrɔla paʃpɔrtɔva] Passkontrolle
kontrola radarowa [kɔntrɔla radarɔva] Radarkontrolle
korek [kɔrɛk] Stau
korkociąg [kɔrkɔtɕɔŋk] Korkenzieher
korzyść [kɔʑɨɕtɕ] *(f)* Vorteil
kostium kąpielowy [kɔstjum kɔmpjɛlɔvɨ] Badeanzug
kostka [kɔstka] Knöchel
kosztować [kɔʃtɔvatɕ] kosten
koszty dodatkowe [kɔʃtɨ dɔdatkɔvɛ] Nebenkosten
koszulka [kɔʃulka] T-Shirt
kość [kɔɕtɕ] *(f)* Knochen
kozaki [kɔzaci] Stiefel
kradzież [kradʑɛʃ] *(f)* Diebstahl
kraj [kraj] Land
kran [kran] Wasserhahn
kredka [krɛtka] Farbstift
krem [krɛm] Creme
krem do opalania [krɛm dɔ ɔpalaɲa] Sonnencreme
krew [krɛf] *(f)* Blut
kromka [krɔmka] Brotscheibe
krótki [krutci] *(Adjektiv)* kurz
krótko; na ~ [na krutkɔ] kurzfristig
krótkoterminowo [krutkɔtɛrmˌinɔvɔ] *(Adverb)* kurzfristig
krwawić [krfavˌitɕ] bluten
krwawienie [krfavjɛɲɛ] Blutung
krzesło [kʃɛswɔ] Stuhl
książka [kɕɔʃka] Buch
księżyc [kɕɛ̃ʑɨts] Mond
ktoś [ktɔɕ] jemand
kuchenka [kuxɛŋka] Herd; Kocher
kuchenka elektryczna [kuxɛŋka ɛlɛktrɨtʃna] Elektroherd
kuchenka gazowa [kuxɛŋka gazɔva] Gasherd
kuchnia [kuxɲa] Küche
kultura [kultura] Kultur
kupować kupić [kupɔvatɕ/ kupˌitɕ] kaufen; einkaufen
kurs wymiany [kurs vɨmjanɨ] Wechselkurs
kurtka [kurtka] Anorak
kwaśna śmietana [kfaɕna ɕmjetana] saure Sahne
kwaśny [kvaɕɲi] sauer
kwatera [kfatera] Unterkunft
kwiaciarnia [kfjatɕarɲa] Blumengeschäft
kwit [kfˌit] Quittung
kwota [kfɔta] Betrag

lampa [lampa] Lampe
lampka nocna [lampka nɔtsna] Nachttischlampe
laptop [lɛptɔp] Laptop
lato [latɔ] Sommer
lądowanie [lɔndɔvaɲɛ] Landung
legitymacja inwalidzka [lɛɟitɨmatsja invalitska] Behindertenausweis
lekarstwo [lɛkarstfɔ] Medikament
lekki [lɛkci] leicht
leniwy [lɛɲivɨ] faul
lepiej [lɛpjɛj] *(Adverb)* besser

lepszy [lɛpʃi] *(Adjektiv)* besser

lew-a(y/e) [lɛv-a/i/ɛ] linke(r, -s)

lewarek do samochodu [lɛvarɛk dɔ samɔxɔdu] Wagenheber

leżeć [lɛʒɛtɕ] liegen

liczba [lit͡ʃba] Zahl

liczyć/policzyć [lit͡ʃitɕ/pɔlit͡ʃitɕ] zählen

liliowy [liljɔvi] lila

lina [lina] Seil

linia [linja] Linie

linie lotnicze [linjɛ lɔtnit͡ʃɛ] Fluggesellschaft

linka holownicza [linka xɔlɔvnit͡ʃa] Abschleppseil

list [list] Brief

listopad [listɔpat] November

liść laurowy [liɕtɕ lawrɔvi] Lorbeer

litr [litr] Liter

lodówka [lɔdufka] Kühlschrank

lody [lɔdi] *(Plural)* Eis

lot [lɔt] Flug

lot krajowy [lɔt krajɔvi] Inlandsflug

lot zagraniczny [lɔt zagranit͡ʃni] Auslandsflug

lotnisko [lɔtɲiskɔ] Flughafen

loża [lɔʒa] Loge

lód [lut] Eis

lubić [lubitɕ] mögen *(gern haben)*

ludzie [ludʑɛ] Leute

lustro [lustrɔ] Spiegel

luźny [luʑni] weit *(Gegenteil von eng)*

ładnie [wadɲɛ] *(Adverb)* schön

ładny [wadni] *(Adjektiv)* schön

ładowarka [wadɔvarka] Ladegerät

łagodny [wagɔdni] mild

łatwopalny [watvɔpalni] leicht entzündlich

łatwy [watfi] *(Adjektiv)* einfach

ławka [wafka] (Sitz)Bank

łazienka [waʑɛŋka] Badezimmer

łącznik [wɔnt͡ʃɲik] Adapter

łóżko [wuʃkɔ] Bett

łyżeczka do herbaty [wiʒɛt͡ʃka dɔ xɛrbati] Teelöffel

łyżka [wiʃka] Löffel

M

maj [maj] Mai

makaron [makarɔn] Nudeln

mały [mawi] klein

małżonek [mawʒɔnɛk] Ehemann

małżonka [mawʒɔnka] Ehefrau

mama [mama] Mutter

mapa [mapa] Landkarte

mapa drogowa [mapa drɔgɔva] Straßenkarte

marmolada [marmɔlada] Marmelade

marzec [maʒɛts] März

marznąć [marznɔntɕ] frieren

masło [maswɔ] Butter

maszyna [maʃina] Maschine

maść [maɕtɕ] *(f)* Salbe

maślanka [maɕlaŋka] Buttermilch

materac [matɛrats] Matratze

materac dmuchany [matɛrats dmuxani] Luftmatratze

materiał [matɛrjaw] Stoff; Material

matka [matka] Mutter

Mazury [mazuri] Masuren

mąka [mɔ̃ka] Mehl

mąż [mɔ̃ʃ] Ehemann

mdłości [mdwɔɕtɕi] *(Plural)* Übelkeit; Brechreiz

mebel [mɛbɛl] Möbel

meduza [mɛduza] Qualle

menstruacja [mɛnstruatsja] Menstruation

menu [mɛɲi] *(nt)* Menü; Speisekarte
metr [mɛtr] Meter
metro [mɛtrɔ] U-Bahn
mężczyzna [mɛ̃ʃtʃizna] Mann
mi [mˌi] mir *(Kurzform nach den Verben)*
mieć [mjɛtɕ] haben
mieć chorobę morską [mjɛtɕ xɔrɔbɛ̃ mɔrskɔ̃] seekrank sein
miejsce [mjɛjstsɛ] Ort; Raum; (Sitz-)Platz
miejsce pielgrzymkowe [mjɛjstsɛ pjɛlɡʒimkɔvɛ] Wallfahrtsort
miejsce przy oknie [mjɛjstsɛ pʃi ɔkɲɛ] Fensterplatz
miejsce urodzenia [mjɛjstsɛ urɔdzɛɲa] Geburtsort
miejsce widokowe [mjɛjstsɛ vˌidɔkɔvɛ] Aussichtspunkt
miejsce zamieszkania [mjɛjstsɛ zamjɛʃkaɲa] Wohnort
miejscowość [mjɛjstsɔvɔɕtɕ] *(f)* Ortschaft
miejscowy [mjɛjstsɔvi] einheimisch
miesiąc [mjɛɕɔnts] Monat
miesiączka [mjɛɕɔntʃka] Menstruation
miesięcznie [mjɛɕɛntʃɲɛ] *(Adverb)* monatlich
miesięczny [mjɛɕɛntʃɲi] *(Adjektiv)* monatlich
mieszany [mjɛʃani] gemischt
mieszkać [mjɛʃkatɕ] wohnen
mieszkać w namiocie [mjɛʃkatɕ v namjɔtɕɛ] zelten
mieszkanie [mˌɛʃkaɲɛ] Wohnung
między [mjɛndzi] unter; zwischen
międzylądowanie [mjɛndzilɔndɔvaɲɛ] Zwischenlandung

międzynarodowy [mjɛndzinarɔdɔvi] international
miękki [mjɛ̃kci] weich
mięsień [mjɛ̃cɛɲ] Muskel
mięso [mjɛ̃sɔ] Fleisch
migdały [mˌiɡdawi] Mandeln
migrena [mˌiɡrɛna] Migräne
mikrofalówka [mˌikrɔfalufka] Mikrowelle
milimetr [mˌilˌimɛtr] Millimeter
miło [mˌiwɔ] *(Adverb)* freundlich; nett
miłość [mˌiwɔɕtɕ] *(f)* Liebe
miły [mˌiwi] *(Adjektiv)* freundlich; nett; lieb
mimo to [mˌimɔ tɔ] trotzdem
minuta [mˌinuta] Minute
miód [mjut] Honig
miska [mˌiska] Schüssel
mleko [mlɛkɔ] Milch
młody [mwɔdi] jung
mnie [mɲɛ] mir; mich *(Akkusativ: ich)*
mocz [mɔtʃ] Urin
modlić się [mɔdlˌitɕ ɕɛ̃] beten
modny [mɔdni] modern; modisch
mokry [mɔkri] nass
molestowanie seksualne [mɔlɛstɔvaɲɛ sɛksualnɛ] sexuelle Belästigung
moneta [mɔnɛta] Münze
morze [mɔʒɛ] Meer
Morze Bałtyckie [mɔʒɛ bawtitsɛ] Ostsee
most [mɔst] Brücke
mowa [mɔva] Sprache; das Sprechen
mówić/powiedzieć [muvˌitɕ/pɔvjɛdzɛtɕ] sagen; reden; sprechen
może [mɔʒɛ] vielleicht
możliwy [mɔʒlˌivi] möglich
móc [muts] dürfen; können
mój [muj] mein
mózg [musk] Gehirn
muskuł [muskuw] Muskel

musli [muslˌi] *(nt)* Müsli
muzeum [muzɛum] *(nt)* Museum
muzyka [muzika] Musik
muzyka ludowa [muzika ludɔva] Volksmusik
my [mi] wir
mydło [midwɔ] Seife
myjka [mijka] Waschlappen
myśleć [miɕlɛtɕ] denken
myto [mitɔ] Maut

N

na [na] an; auf; für (etwas); nach *(in Richtung)*
naczynia [natʃina] *(Plural)* Geschirr
nad [nat] über *(räumlich)*
nadawca [nadaftsa] *(m)* Absender
naderwanie ścięgna [nadɛrvaɲɛ ɕtɕɛŋgna] Bänderriss
nadziewany [nadʑevani] gefüllt
nagi [naɟi] nackt
nagle [naglɛ] *(Adverb)* plötzlich
nagły [nagwi] *(Adjektiv)* plötzlich
najedzony [najɛdzɔni] satt
najpierw [najpjɛrf] (zu)erst
najwyżej [najviʒɛj] höchstens
nakrycie [nakritɕɛ] Gedeck
nalepić znaczek [nalɛpˌitɕ znatʃɛk] frankieren
należeć [nalɛʒɛtɕ] gehören
nam [nam] uns *(Dativ: wir)*
namiot [namjɔt] Zelt
napad [napat] Überfall
napiwek [napˌivɛk] Trinkgeld
napój [napuj] Getränk
naprawdę [napravdɛ̃] *(Adverb)* wirklich
naprzeciwko [napʃɛtɕifkɔ] gegenüber
naprzód [napʃut] vorwärts
nareszcie [narɛʃtɕɛ] endlich
narkoza [narkɔza] Narkose

narty [narti] *(Plural)* Ski
narzędzia [naʒɛndʑa] *(Plural)* Werkzeug
nas [nas] uns *(Akkusativ: wir)*
natura [natura] Natur
naturalnie [naturalɲɛ] *(Adverb)* natürlich
naturalny [naturalni] *(Adjektiv)* natürlich
natychmiast [natixmjast] sofort
nazwa [nazva] Name; Benennung
nazwisko [nazvˌiskɔ] Familienname; Nachname
nazwisko panieńskie [nazvˌiskɔ paɲɛɲscɛ] Geburtsname
nazywać się [nazivatɕ ɕɛ] heißen
nerka [nɛrka] Niere
nerw [nɛrf] Nerv
nerwowy [nɛrvɔvi] nervös
nic [ɲits] nichts
nie [ɲɛ] nicht
nie do wiary [ɲɛ dɔ vjari] *(Adverb)* unglaublich
niebieski [ɲɛbjɛsci] blau
niedaleki [ɲɛdalɛci] *(Adjektiv)* nahe
niedaleko [ɲɛdalɛkɔ] *(Adverb)* nahe
niedawno [ɲɛdavnɔ] kürzlich
niedobrze [ɲɛdɔbʒɛ] *(Adverb)* schlecht
niedziela [ɲɛdʑela] Sonntag
niektórzy [ɲɛktuʒi] einige
Niemcy [ɲɛmtsi] *(Plural)* Deutschland
Niemiec/Niemka [ɲɛmjets/ɲɛmka] der/die Deutsche
niemiecki [ɲɛmjetʃci] deutsch
niemowlę [ɲɛmɔvlɛ̃] Säugling
niemy [ɲɛmi] stumm
nieporozumienie [ɲɛpɔrɔzumjɛɲɛ] Missverständnis

nieprzytomny [nɛpʃitɔmni] bewusstlos
niestety [nɛstɛti] leider
nieszczęście [nɛʃtʃɛŋʨɛ] Unglück
nieważny [nɛvaʒni] unwichtig
niewiarygodny [nɛvjarigɔdni] *(Adjektiv)* unglaublich
niewidomy [nɛvˌidɔmi] blind
niewidom-a(-y) [nɛvˌidɔma/i] Blinde/r
nieznośny [nɛznɔɕni] unerträglich
niezwykły [nɛzvikwi] ungewöhnlich
nigdy [nigdi] nie
nigdzie [nigʥɛ] nirgends
nikt [nikt] niemand
niski [niski] nieder; niedrig; tief
niskokaloryczny [niskɔkalɔritʃni] kalorienarm
niskotłuszczowy [niskɔtwuʃtʃɔvi] fettarm
nitka [nitka] Faden
niż [niʃ] *(bei Komparativ)* als
noc [nɔts] *(f)* Nacht
nocą [nɔtsɔ̃] nachts
nocleg [nɔtslɛg] Übernachtung
nocleg ze śniadaniem i kolacją [nɔtslɛk zɛ ɕnadanɛm i kɔlatsjɔ̃] Halbpension
normalnie [nɔrmalnɛ] *(Adverb)* normal; normalerweise
normalny [nɔrmalni] *(Adjektiv)* normal; üblich
nos [nɔs] Nase
nosić [nɔɕiʨ] tragen
notebook [nɔtbuk] Notebook
nowoczesny [nɔvɔtʃɛsni] modern
nowy [nɔvi] neu
nożyce [nɔʒitsɛ] *(Plural)* Schere

nożyczki [nɔʒitʃci] *(Plural)* Schere
nóż [nuʃ] Messer
nudny [nudni] langweilig
numer [numɛr] Nummer
numer domu [numɛr dɔmu] Hausnummer
numer kierunkowy [numɛr cɛrunkɔvi] Vorwahlnummer
numer telefonu [numɛr tɛlɛfɔnu] Telefonnummer
numer wagonu [numɛr vagɔnu] Wagennummer

O

o [ɔ] um *(zeitlich)*
obaj/obie/oboje [ɔbaj/ɔbjɛ/ɔbɔjɛ] beide
obawiać się [ɔbavjaʨ ɕɛ̃] befürchten
obcas [ɔptsas] Absatz
obiad [ɔbjat] Mittagessen
objazd [ɔbjast] Umleitung
obok [ɔbɔk] neben
obudzić się [ɔbuʥiʨ ɕɛ̃] aufwachen
obudzony [ɔbuʥɔni] wach
obuwie gimnastyczne [ɔbuvjɛ ʝimnastitʃnɛ] Turnschuhe
obywatel Unii Europejskiej [ɔbivatɛl uɲi ɛwrɔpɛjscɛj] EU-Bürger
obywatelstwo [ɔbivatɛlstfɔ] Staatsangehörigkeit
ochrona przeciwsłoneczna [ɔxrɔna pʃɛʨifswɔnɛtʃna] Sonnenschutz
oczekiwać [ɔtʃɛcivaʨ] erwarten; rechnen mit
oczywiście [ɔtʃivˌiɕʨɛ] *(Adverb)* klar; deutlich
od [ɔt] seit; ab; von *(zeitlich; von jemandem)*
odbiorca [ɔdbjɔrtsa] *(m)* Empfänger
oddział [ɔdʥaw] Station *(im Krankenhaus)*
odholować [ɔtxɔlɔvaʨ] abschleppen

odjazd [ɔdjast] Abfahrt
odkurzacz [ɔtkuʒatʃ] Staubsauger
odlot [ɔdlɔt] Abflug
odpadki [ɔtpatci] Abfall
odpływ (morza) [ɔdpwif (mɔʒa)] Ebbe
odpoczynek [ɔtpɔtʃinɛk] Ruhe *(Erholung)*
odpowiedni [ɔtpɔvjɛdni] *(Adjektiv)* richtig
odpowiednio [ɔtpɔvjɛdɲɔ] *(Adverb)* richtig
odwiedziny [ɔdvjɛdʑini] Besuch
oficjalny [ɔfit͡sjalni] offiziell
ogień [ɔjɛɲ] Feuer
ogród zoologiczny [ɔgrut zɔɔlɔjitʃni] Zoo
ogrzewanie centralne [ɔgʒɛvaɲɛ t͡sɛntralnɛ] Zentralheizung
ojciec [ɔjt͡cɛt͡s] Vater
okolica [ɔkɔlit͡sa] Landschaft; Gegend; Umgebung
około [ɔkɔwɔ] *(Adverb)* etwa; ungefähr
około południa [ɔkɔwɔ pɔwudɲa] gegen Mittag
okrągły [ɔkrɔ̃gwi] *(Adjektiv)* rund
okropny [ɔkrɔpni] schrecklich; fürchterlich
olej [ɔlɛj] Öl
olejek do opalania [ɔlɛjɛk dɔ ɔpalaɲa] Sonnenöl
omdlenie [ɔmdlɛɲɛ] Ohnmacht
ona [ɔna] sie *(3. Person Singular)*
oni/one [ɔɲi/ɔnɛ] sie *(3. Person Plural)*
oparzenie [ɔpaʒɛɲɛ] Verbrennung
oparzenie słoneczne [ɔpaʒɛɲɛ swɔnɛt͡ʃnɛ] Sonnenbrand
opatrunek [ɔpatrunɛk] Verband
opatrzeć [ɔpatʃɛt͡c] verbinden

operacja [ɔpɛrat͡sja] Operation
opinia [ɔpiɲa] Meinung
opłata [ɔpwata] Zahlung; Porto
opłata celna [ɔpwata t͡sɛlna] Zollgebühren
opłata manipulacyjna [ɔpwata manipulat͡sijna] Bearbeitungsgebühr
opona [ɔpɔna] Reifen
opona zimowa [ɔpɔna ʑimɔva] Winterreifen
opróżnianie (listów) [ɔpruʒɲaɲɛ (listuf)] Leerung
optyk [ɔptik] Optiker
orkiestra [ɔrcɛstra] Orchester
oryginał [ɔrijinaw] Original
osa [ɔsa] Wespe
osiągnąć [ɔcɔ̃gnɔ̃t͡c] erreichen
osoba [ɔsɔba] Person
osobiście [ɔsɔbit͡cɛ] *(Adverb)* persönlich
osobliwości [ɔsɔblivɔct͡ci] Sehenswürdigkeiten
ostatn-ia/i/ie [ɔstatɲ-a/i/ɛ] letzte(r, -s)
ostrożnie [ɔstrɔʒɲɛ] *(Adverb)* vorsichtig
ostry [ɔstri] scharf
oszustwo [ɔʃustfɔ] Betrug
ość [ɔct͡c] *(f)* Gräte
otwarty [ɔtfarti] auf; offen; geöffnet
otwieracz do butelek [ɔtfjɛrat͡ʃ dɔ butɛlɛk] Flaschenöffner
otwieracz do puszek [ɔtfjɛrat͡ʃ dɔ puʃɛk] Dosenöffner
owoce [ɔvɔt͡sɛ] *(Plural)* Obst
ożywiony [ɔʒivjɔni] lebhaft *(Diskussion)*

P

pachnieć [paxɲɛt͡c] riechen *(gut)*
paczka [patʃka] Paket

paczuszka [patʃuʃka] Päckchen
palić [palitɕ] rauchen *(Zigaretten)*
paluch [palux] Zehe
pamiątka [pamjɔntka] Mitbringsel
pan [pan] Herr; Sie *(Anrede)*
pani [paɲi] Frau; Sie *(Anrede)*
państwo [paɲstfɔ] Sie *(Herrschaften)* Staat
papier [papjɛr] Papier
papier toaletowy [papjɛr tɔalɛtɔvi] Toilettenpapier
papieros [papjɛrɔs] Zigarette
para [para] Paar
paraliż [paraliʃ] Lähmung
parasol [parasɔl] Schirm
park [park] Park
park narodowy [park narɔdɔvi] Nationalpark
parking [parciŋg] Parkplatz; Rastplatz
parno [parnɔ] schwül
pas bezpieczeństwa [pas bɛspjɛtʃɛɲstfa] Sicherheitsgurt
pasażer [pasaʒɛr] Passagier; Fahrgast
pasek [pasɛk] Gürtel
pasta do zębów [pasta dɔ zɛmbuf] Zahnpasta
paszport [paʃpɔrt] Reisepass
patrzeć [patʃɛtɕ] (zu) schauen
październik [paʑdʑɛrɲik] Oktober
pchli targ [pxlʲi tark] Flohmarkt
pełny [pɛwni] voll
perfumy [pɛrfumi] *(Plural)* Parfüm
peron [pɛrɔn] Bahnsteig
pewny [pɛvni] *(Adjektiv)* bestimmt; sicher; gewiss; zuverlässig
piątek [pjɔntɛk] Freitag
pić [pʲitɕ] trinken

pieczony [pjɛtʃɔni] gebacken
pieczywo [pjɛtʃivɔ] Gebäck
piekarnia [pjɛkarɲa] Bäckerei
piekarnik [pjɛkarɲik] Backofen
pielęgniarka [pjɛlɛ̃gɲarka] Krankenschwester
pieluchy [pjɛluxi] Windeln
pieniądze [pjɛɲɔndʑɛ] *(Plural)* Geld
pieprz [pjɛpʃ] Pfeffer
pierś [pjɛrɕ] *(f)* Brust
pięknie [pjɛŋkɲɛ] *(Adverb)* schön
piękny [pjɛŋkɲi] *(Adjektiv)* schön; hübsch
pigułka [pʲiguwka] Tablette; **~ „po"** [pʲiguwka pɔ] Pille danach
pijany [pʲijani] betrunken
pilnie [pʲilɲɛ] dringend
pisanki [pʲisanɕi] Ostereier
pisemny [pʲisɛmni] schriftlich
pismo [pʲismɔ] Schrift
piwo [pʲivɔ] Bier
piwo bezalkoholowe [pʲivɔ bɛzalkɔxɔlɔvɛ] alkoholfreies Bier
plac [plats] Platz *(in der Stadt)*
plan miasta [plan mjasta] Stadtplan
plaster [plastɛr] Pflaster
plasterek [plastɛrɛk] Scheibe *(Wurst)*
plecak [plɛtsak] Rucksack
plomba [plɔmba] Plombe
płakać [pwakatɕ] weinen
płaszcz [pwaʃtʃ] Mantel
płatność [pwatnɔɕtɕ] *(f)* Zahlung
płuco [pwutsɔ] Lunge
płyn do mycia naczyń [pwin dɔ mitɕa natʃiɲ] Spülmittel
płyn hamulcowy [pwin xamultsɔvi] Bremsflüssigkeit
pływać [pwivatɕ] schwimmen

po [pɔ] nach *(zeitlich)*
po drodze [pɔ drɔdʑɛ] unterwegs
po drugie [pɔ drujɛ] zweitens
po południu [pɔ pɔwudɲu] nachmittags
po prostu [pɔ prɔstu] *(Adverb)* einfach
po sezonie [pɔ sɛzɔɲɛ] Nachsaison
pobyt [pɔbit] Aufenthalt
pochodzić z [pɔxɔdʑitɕ z] stammen (aus)
pociąg [pɔtɕɔ̃ŋk] Zug
pocić się [pɔtɕitɕ ɕɛ̃] schwitzen
poczekalnia [pɔtʃɛkalɲa] Wartezimmer; Wartesaal
poczta [pɔtʃta] Postamt
pocztówka [pɔtʃtufka] Postkarte
pod [pɔt] unter(halb)
podanie [pɔdaɲɛ] Angabe *(des Namens, der Adresse)* Pass *(Sport)*
podarować [pɔdarɔvatɕ] schenken
podbrzusze [pɔdbʒuʃɛ] Unterleib
podczas [pɔtːʃas] während
podlegający ocleniu [pɔdlɛgajɔ̃tsi ɔtslɛɲu] zollpflichtig
podpis [pɔtpˌis] Unterschrift
podpora namiotu [pɔtpɔra namjɔtu] Zeltstange
podręczna apteczka [pɔdrɛntʃna aptɛtʃka] Verbandskasten
podróż [pɔdruʃ] *(f)* Reise; Tour
podróż powrotna [pɔdruʃ pɔvrɔtna] Rückfahrt
podróżować [pɔdruʒɔvatɕ] reisen
podróżować autostopem [pɔdruʒɔvatɕ awtɔstɔpɛm] trampen
podwójny [pɔdvujni] doppelt
pogląd [pɔɡlɔnt] Meinung

pojemnik [pɔjɛmɲik] Behälter
pojemnik na śmieci [pɔjɛmɲik na ɕmjɛtɕi] Mülltonne
pojutrze [pɔjutʃɛ] übermorgen
pokojówka [pɔkɔjufka] Zimmermädchen
pokój [pɔkuj] Zimmer
pokój stołowy [pɔkuj stɔwɔvi] Wohnzimmer
pokwitowanie [pɔkfˌitɔvaɲɛ] Quittung
Polak [pɔlak] Pole
pole kempingowe [pɔlɛ kɛmpˌiŋɔvɛ] Campingplatz
policja [pɔlˌitsja] Polizei
policjant(ka) [pɔlˌitsjant(ka)] Polizist(in)
policzyć [pɔlˌitʃitɕ] berechnen
policzyć ➤ liczyć
polisa ubezpieczeniowa [pɔlˌisa ubɛspjɛtʃɛɲɔva] grüne Versicherungskarte
Polka [pɔlka] Polin
Polska [pɔlska] Polen
polski [pɔlstɕi] polnisch
połączenie [pɔwɔntʃɛɲɛ] Anschluss; Verbindung
położenie [pɔwɔʒɛɲɛ] Lage
południe [pɔwudɲɛ] Mittag; Süden
południe; na ~ od [na pɔwudɲɛ ɔt] südlich von
południe; w ~ [fˌpɔwudɲɛ] mittags
pomarańczowy [pɔmarantʃɔvi] orange
pomimo to [pɔmˌimɔ tɔ] trotzdem
pomoc [pɔmɔts] *(f)* Hilfe
pomoc drogowa [pɔmɔts drɔɡɔva] *(f)* Pannenhilfe; Abschleppdienst
pomoc drogowa [pɔmɔts drɔɡɔva] *(f)* Pannenhilfe; Abschleppdienst

pompka [pɔmpka]
Luftpumpe
pomysł [pɔmisw] Idee
ponad [pɔnat] über
(räumlich)
poniedziałek [pɔnɛdʑawɛk]
Montag
Poniedziałek Wielkanocny
[pɔnɛdʑawɛk
vjɛlkanɔtsni] Ostermontag
ponieważ [pɔɲɛvaʃ] da;
weil; denn; deshalb
ponieważ [pɔɲɛvaʃ] da;
weil; denn; deshalb
popielniczka [pɔpjɛlɲitʃka]
Aschenbecher
popołudnie [pɔpɔwudɲɛ]
Nachmittag
poranek [pɔranɛk] Morgen
porażenie słoneczne
[pɔraʒɛɲɛ swɔnɛtʃnɛ]
Sonnenstich
porcja [pɔrtsja] Portion
porcja dziecięca [pɔrtsja
dʑɛtɕɛtsa] Kinderteller
port [pɔrt] Hafen
portmonetka
[pɔrtmɔnɛtka]
Geldbeutel
post [pɔst] Fasten
postój taksówek [pɔstuj
taksuvɛk] Taxistand
pościel [pɔɕtɕɛl] (f)
Bettwäsche
pośpiesznie [pɔɕpjɛʃnɛ]
(Adverb) eilig
poświadczenie ubezpieczenia
na wypadek choroby
[pɔɕfjattʃɛɲɛ ubɛspjɛtʃɛɲa
na vipadɛk xɔrɔbi]
Krankenschein
potem [pɔtɛm] dann;
danach
potrawa [pɔtrava] Gericht
(Essen)
potrawa dnia [pɔtrava dɲa]
Tagesgericht
potrzebować [pɔtʃɛbɔvatɕ]
brauchen
poważnie [pɔvaʒɲɛ]
(Adverb) ernst
poważny [pɔvaʒni]
(Adjektiv) ernst

powiedzieć [pɔvjɛdʑɛtɕ] ➤
mówić
powietrze [pɔvjɛtʃɛ] Luft
powoli [pɔvɔlˌi] (Adverb)
langsam
powolny [pɔvɔlni] (Adjektiv)
langsam
powód [pɔvut] Grund
powrót [pɔvrut] Rückfahrt
poza [pɔza] außer;
außerhalb
pójść [pujɕtɕ] ➤ iść
pół [puw] halb
północ [puwnɔts] (f)
Norden; **na – od** [na
puwnɔts ɔt] nördlich von
później [puʑɲɛj] später
późno [puʑnɔ] spät
pracować [pratsɔvatɕ]
arbeiten
pralka [pralka]
Waschmaschine
pralnia chemiczna [pralɲa
xɛmˌitʃna] Reinigung
praw-a/y/e [prav-a/i/ɛ]
rechte(r, -s)
prawdopodobnie
[pravdɔpɔdɔbɲɛ]
(Adverb) wahrscheinlich
prawdopodobny
[pravdɔpɔdɔbni]
(Adjektiv) wahrscheinlich
prawdziwy [pravdʑivi]
(Adjektiv) wahr; echt
prawidłowo [pravˌidwɔvɔ]
(Adverb) richtig
prawidłowy [pravˌidwɔvi]
(Adjektiv) richtig
prawie [pravjɛ] fast; kaum
prawo jazdy [pravɔ jazdi]
Führerschein
prąd [prɔnt] Strom
(Elektrizität)
precz [prɛtʃ] weg
prezentacja [prɛzɛntatsja]
Vorstellung
(Bekanntmachen)
prezerwatywa
[prɛzɛrvativa]
Präservativ; Kondom
problem [prɔblɛm]
Problem; Sache; Frage;
Thema

program [prɔgram] Programm(heft)
prom [prɔm] Fähre
prosto [prɔstɔ] geradeaus
prosty [prɔsti] *(Adjektiv)* einfach; gerade
proszę wejść! [prɔʃẽ vɛjɕtɕ] herein!
prośba [prɔʑba] Bitte
prysznic [priʃnits] Dusche
prywatny [privatni] privat
przebita opona [pʃɛbˌita ɔpɔna] Platten
przebywać [pʃɛbivatɕ] sich aufhalten
przeciw [pʃɛtɕif] gegen
przed [pʃɛt] vor
przed południem [pʃɛt pɔwudɲɛm] vormittags
przed sezonem [pʃɛt sɛzɔnɛm] Vorsaison
przedłużacz [pʃɛdwuʒatʃ] Verlängerungsschnur
przedłużenie o tydzień [pʃɛdwuʒɛɲɛ ɔ tidzɛɲ] Verlängerungswoche
przedpołudnie [pʃɛtpɔwudɲɛ] Vormittag
przedstawienie [pʃɛtstavjɛɲɛ] Aufführung; Vorstellung *(im Theater)*
przedtem [pʃɛttɛm] vorher
przedwczoraj [pʃɛtftʃɔraj] vorgestern
przedział [pʃɛddzaw] Abteil
przedział dla niepalących [pʃɛdzaw dla ɲɛpalɔntsix] Nichtraucherabteil
przejście [pʃɛjɕtɕɛ] Übergang; Gang *(Platz)*
przejście graniczne [pʃɛjɕtɕɛ graɲitʃnɛ] Grenzübergang
przełęcz [pʃɛwɛntʃ] *(f)* Pass *(im Gebirge)*
przełyk [pʃɛwik] Speiseröhre
przemyt [pʃɛmit] Schmuggel
przeprosiny [pʃɛprɔɕini] *(Plural)* Entschuldigung
przerwa [pʃɛrva] Pause

przestępstwo [pʃɛstɛmpstfɔ] Verbrechen
przewodnik/przewodniczka [pʃɛvɔdɲik/pʃɛvɔdɲitʃka] Fremdenführer(in)
przez [pʃɛs] über *(quer ~, Route)* durch *(räumlich, auch Mittel, Ursache)*
przeziębienie [pʃɛʑɛmbjɛɲɛ] Erkältung
przybić do [pʃibˌitɕ dɔ] anlegen in
przyczepa [pʃitʃɛpa] Anhänger
przyczepa kempingowa [pʃitʃɛpa kɛmpˌiŋgɔva] Wohnwagen
przyjazd [pʃijast] Ankunft
przykład [pʃikwat] Beispiel
przylot [pʃilɔt] Ankunft
przynajmniej [pʃinajmɲɛj] mindestens
przynieść [pʃiɲɛɕtɕ] ➤ przynosić
przynosić przynieść; [pʃinɔɕitɕ/pʃiɲɛɕtɕ] mitbringen *(etwas)*
przypadkowo [pʃipatkɔvɔ] zufällig
przyprawa [pʃiprava] Gewürz
przyprawić [pʃipravˌitɕ] würzen
przyroda [pʃirɔda] Natur
przystanek [pʃistanɛk] Haltestelle
przystawka [pʃitstafka] Vorspeise
przystosowany dla niepełnosprawnych [pʃistɔsɔvani dla ɲɛpɛwnɔspravnix] behindertengerecht
przystosowany do wózka inwalidzkiego [pʃistɔsɔvani dɔ vuska invalˌitsts͡ɛgɔ] rollstuhlgerecht
publiczny [publˌitʃni] öffentlich
pulower [pulɔvɛr] Pullover
puls [puls] Puls

punkt widokowy
[punkt vidɔkɔvi]
Aussichtspunkt
punktualnie [punktualɲɛ]
(Adverb) pünktlich
punktualny [punktualni]
(Adjektiv) pünktlich
pusty [pusti] leer

R

rachunek [raxunɛk]
Rechnung
radio [radjɔ] Radio
rajstopy [rajstɔpi] *(Plural)*
Strumpfhose
rampa wjazdowa [rampa
vjazdɔva] Auffahrtrampe
rana [rana] Wunde
rana cięta [rana tɕɛnta]
Schnittwunde
rankiem [rancɛm] morgens
rano [ranɔ] Morgen
ratusz [ratuʃ] Rathaus
raz [ras] einmal
razem [razɛm] zusammen;
gemeinsam
recepcja [rɛtsɛptsja]
Rezeption
region [rɛjɔn] Region
regularnie [rɛgularɲɛ]
(Adverb) regelmäßig
regularny [rɛgularni]
(Adjektiv) regelmäßig
repertuar [rɛpɛrtuar]
Spielplan
restauracja [rɛstawratsja]
Restaurant
rezerwacja [rɛzɛrvatsja]
Reservierung; Buchung
rezerwacja internetowa
[rɛzɛrvatsja intɛrnɛtɔva]
Internetbuchung
rezerwat przyrody [rɛzɛrvat
pʃirɔdi] Naturschutzgebiet
ręcznik [rɛntʃnik] Handtuch
ręczny pedał gazu [rɛntʃni
pɛdaw gazu] Handgas
(Auto)
rękawiczki [rɛŋkaviʧki]
Handschuhe
rękawy [rɛ̃kavi] Ärmel

robić zakupy [rɔbitɕ
zakupi] einkaufen
rodzimy [rɔdʑimi]
einheimisch
rodzina [rɔdʑina] Familie
rok [rɔk] Jahr
rola główna [rɔla gwuvna]
Hauptrolle
rower [rɔvɛr] Fahrrad
rozczarowany [rɔstʃarɔvani]
enttäuscht
rozkład jazdy [rɔskwat
jazdi] Fahrplan
rozmawiać
porozmawiać [rɔzmavjatɕ/
pɔrɔzmavjatɕ] reden;
sprechen; sich unterhalten
rozmiar [rɔzmjar] Größe
(Kleidung)
rozmowa [rɔzmɔva]
Gespräch; Unterhaltung
rozmowa międzynarodowa
[rɔzmɔva
mjɛndʑinarɔdɔva]
Auslandsgespräch
rozrusznik [rɔzruʃnik]
Anlasser
rozrusznik serca [rɔzruʃnik
sɛrtsa] Herzschrittmacher
równoczesny [ruvnɔtʃɛsni]
(Adjektiv) gleichzeitig
równy [ruvni] gleich
różowy [ruʒɔvi] rosa
rura wydechowa
[rura vidɛxɔva] Auspuff
rwa kulszowa [rva kulʃɔva]
Ischias
ryba [riba] Fisch
ryczałt weekendowy
[ritʃawt wikɛndɔvi]
Wochenendpauschale
ryczałt za prąd [ritʃawt za
prɔnt] Strompauschale
rynek [rinɛk] Markt
rzadki [ʒatci] *(Adjektiv)*
selten
rzadko [ʒatkɔ] *(Adverb)*
selten
rzecz [ʒɛtʃ] *(f)* Sache; Ding
rzeczy wartościowe [ʒɛtʃi
vartɔɕtɕɔvɛ] Wertsachen
rzeczywiście [ʒɛtʃiviɕtɕɛ]
(Adverb) wirklich

rzeka [ʒɛka] Fluss; Strom
rzeźnik [ʒɛʒnik] *(umgangssprachlich)* Metzgerei

S

salmonelle [salmɔnɛllɛ] *(fpl)* Salmonellen
salon pralniczy [salɔn pralɲitʃi] Waschsalon
sam [sam] selbst; allein
samochód [samɔxut] Auto
samochód holujący [samɔxut xɔlujɔ̃tsi] Abschleppwagen
samochód kempingowy [samɔxut kɛmpˌiŋgɔvi] Wohnmobil
samodzielnie [samɔdʑɛlɲɛ] selbst
sandały [sandawi] Sandalen
sąd [sɔnt] Gericht *(Justiz)*
sądzić [sɔndʑitɕ] glauben; meinen
sąsiad(ka) [sɔ̃ɕat(ka)] Nachbar(in)
scyzoryk [stsizɔrik] Taschenmesser
sejf [sɛjf] Safe
sekunda [sɛkunda] Sekunde
ser [sɛr] Käse
serce [sɛrtsɛ] Herz
serdecznie [sɛrdɛtʃɲɛ] *(Adverb)* herzlich
serwetka [sɛrvɛtka] Serviette
sezon [sɛzɔn] Saison
siatka [ɕatka] Netz
siedzenie [ɕɛdzɛɲɛ] Sitz *(Platz, ~fläche)*
siedziba [ɕɛdʑiba] Sitz *(Ort)*
siedzieć [ɕɛdʑɛtɕ] sitzen
się [ɕɛ̃] mich; dich; uns; euch; sich *(bei reflexiven Verben)*
silnik [ɕilɲik] Motor
siostra [ɕɔstra] Schwester; Krankenschwester *(umgangssprachlich)*
skaleczenie [skalɛtʃɛɲɛ] Verletzung

skarpety [skarpɛti] Socken
skasować [skasɔvatɕ] entwerten
sklep komputerowy [sklɛp kɔmputɛrɔvi] Computerfachgeschäft
sklep mięsny [sklɛp mjɛ̃sɲi] Metzgerei
sklep monopolowy [sklɛp mɔnɔpɔlɔvi] Spirituosengeschäft
sklep obuwniczy [sklɛp ɔbuvɲitʃi] Schuhgeschäft
sklep spożywczy [sklɛp spɔʒiftʃi] Lebensmittelgeschäft
sklep z artykułami elektrycznymi [sklɛp z artikuwamˌi ɛlɛktritʃɲimˌi] Elektrohandlung
sklep z artykułami fotograficznymi [sklɛp z artikuwamˌi fɔtɔgrafˌitʃɲimˌi] Fotogeschäft
sklep z pamiątkami [sklɛp s pamjɔntkamˌi] Souvenirladen
sklep z zabawkami [sklɛp z zabafkamˌi] Spielwarengeschäft
składnik [skwadɲik] Teil
skonfiskować [skɔnfˌiskɔvatɕ] beschlagnahmen
skóra [skura] Haut
skrytka na bagaż [skritka na bagaʃ] Schließfach
skrzynia biegów [skʃiɲa bjɛguf] Getriebe
skrzynka pocztowa [skʃinka pɔtʃtɔva] Briefkasten
skrzyżowanie [skʃiʒɔvaɲɛ] Kreuzung
słaby [swabi] schwach
słodki [swɔtci] süß
słodkie [swɔtcɛ] lieblich *(Wein)*
słodycze [swɔditʃɛ] Süßigkeiten
słodzik [swɔdzik] Süßstoff

słomka [swɔmka] Strohhalm
słoneczny [swɔnɛtʃni] sonnig
słońce [swɔɲtsɛ] Sonne
słuch [swux] Gehör
słuchać (kogoś) [swuxatɕ (kɔgɔɕ)] jemandem zuhören
słuchać [swuxatɕ] hören
służba drogowa [swuʒba drɔgɔva] Pannendienst
słyszeć [swiʂɛtɕ] hören
smaczny [smatʃni] lecker
smak [smak] Geschmack
smakować [smakɔvatɕ] schmecken
smartfon [smartfɔn] Smartphone
smażony [smaʒɔni] gebraten; geschmort
smoczek [smɔtʃɛk] Sauger; Schnuller
smutny [smutni] traurig
sobota [sɔbɔta] Samstag
soczewka [sɔtʃɛfka] Linse
soczysty [sɔtʃisti] saftig
sok pomarańczowy [sɔk pɔmaraɲtʃɔvi] Orangensaft
sos [sɔs] Soße
sól [sul] *(f)* Salz
spać [spatɕ] schlafen
specjalnie [spɛtsjalɲɛ] *(Adverb)* speziell; besonders
specjalność [spɛtsjalnɔɕtɕ] *(f)* Spezialität
specjalny [spɛtsjalni] *(Adjektiv)* speziell; besonder
spinacze do bielizny [spinatʃɛ dɔ bjɛlizni] Wäscheklammern
spłuczka [spwutʃka] Wasserspülung
spodnie [spɔdɲɛ] *(Plural)* Hose
spodnie narciarskie [spɔdɲɛ nartɕarscɛ] *(Plural)* Skihose
spokojny [spɔkɔjni] *(Adjektiv)* ruhig; still

spóźnienie [spuʒɲɛɲɛ] Verspätung
spragniony [spragnɔni] durstig
sprawa [sprava] Sache; Angelegenheit
sprawiać ból [spravjatɕ bul] schmerzen
sprzątać
posprzątać [spʃɔntatɕ/ pɔspʃɔntatɕ] putzen; reinigen
sprzątanie [spʃɔ̃taɲɛ] Reinigung
sprzedawca dzieł sztuki [spʃɛdaftsa dʑɛw ʃtuci] *(m)* Kunsthändler
sprzęgło [spʃɛ̃gwɔ] Kupplung
srebro [srɛbrɔ] Silber
srebrzysty [srɛbʒisti] silberfarben
stacja końcowa [statsja kɔɲtsɔva] Endstation
stać [statɕ] stehen
stać się [statɕ ɕɛ] werden
stanik [staɲik] BH
stanu wolnego [stanu vɔlnɛgɔ] ledig
starać się [staratɕ ɕɛ] sich bemühen; besorgen
stary [stari] alt
statyw [statif] Stativ
staw [staf] Gelenk
stolec [stɔlɛts] Stuhlgang
stolica [stɔlitsa] Hauptstadt
stolik nocny [stɔlik nɔtsni] Nachttisch
stop [stɔp] halt
stół [stuw] Tisch
straszny [straʃni] schrecklich; fürchterlich
straż pożarna [straʃ pɔʒarna] *(f)* Feuerwehr
studiować [studjɔvatɕ] studieren
suchy [suxi] trocken
suma [suma] Summe; Betrag
supermarket [supɛrmarkɛt] Supermarkt
surowy [surɔvi] roh

suszarka do bielizny [suʃarka dɔ bjelʲizni] Wäschetrockner
suszarka do włosów [suʃarka dɔ vwɔsuf] Föhn
sweter [sfɛtɛr] Pullover
sweter rozpinany (zrobiony na drutach) [sfɛtɛr rɔspʲinani (zrɔbjɔnɨ na drutax)] Strickjacke
sygnalizator pożarowy [sɨɡnalʲizatɔr pɔʒarɔvi] Feuermelder
syn [sɨn] Sohn
sypialnia [sɨpjalɲa] Schlafzimmer
syrop na kaszel [sɨrɔp na kaʃɛl] Hustensaft
system alarmowy [sɨstɛm alarmɔvi] Alarmanlage
syty [sɨti] satt
szafa [ʃafa] Schrank
szampon [ʃampɔn] Shampoo
szatnia [ʃatɲa] Garderobe
szczególnie [ʃtʃɛɡulɲɛ] besonders
szczególny [ʃtʃɛɡulnɨ] (Adjektiv) speziell
szczepienie [ʃtʃɛpjɛɲɛ] Impfung
szczęka [ʃtʃɛŋka] Kiefer
szczęście [ʃtʃɛ̃ɕtɕɛ] Glück
szczęśliwy [ʃtʃɛ̃ɕlʲivi] glücklich
szczoteczka do zębów [ʃtʃɔtɛtʃka dɔ zɛmbuf] Zahnbürste
szczupły [ʃtʃupwi] dünn; schlank
szczyt [ʃtʃit] Gipfel; Höhepunkt
szczyt sezonu [ʃtʃit sɛzɔnu] Hauptsaison
szeroki [ʃɛrɔcʲi] breit
szklanka [ʃklaŋka] Glas
szkoda [ʃkɔda] Schaden, schade
szkoła [ʃkɔwa] Schule
szlak [ʃlak] Route
szmugiel [ʃmuɡʲɛl] Schmuggel

sznur od namiotu [ʃnur ɔt ˌnamjɔtu] Zeltschnur
sznurek [ʃnurɛk] Bindfaden
sznurówka [ʃnurufka] Schnürsenkel
szosa [ʃɔsa] Landstraße
szpital [ʃpʲital] Krankenhaus
sztućce [ʃtutɕtsɛ] (Plural) Besteck
sztuka [ʃtuka] Stück; Kunst
szufelka [ʃufɛlka] Kehrschaufel
szwagier(ka) [ʃfaɟer(ka)] Schwager, Schwägerin
Szwajcar(ka) [ʃfajtsar(ka)] Schweizer(in)
Szwajcaria [ʃfajtsarja] Schweiz
szyba [ʃiba] Scheibe (Fenster)
szybki [ʃipcʲi] (Adjektiv) schnell
szybko [ʃipkɔ] (Adverb) schnell
szybkościomierz [ʃipkɔɕtɕɔmjɛʃ] Tachometer
szynka [ʃinka] Schinken

Ś

ściereczka [ɕtɕɛrɛtʃka] Spültuch
ścierka do naczyń [ɕtɕɛrka dɔ natʃiɲ] Geschirrtuch
Śląsk [ɕlɔnsk] Schlesien
śledź [ɕlɛtɕ] Hering
śmiać się [ɕmjatɕ ɕɛ̃] lachen
śmieci [ɕmjɛtɕi] (Plural) Müll; Abfall
śmierdzieć [ɕmjɛrdzɛtɕ] übel riechen; stinken
śmieszny [ɕmjɛʃni] lustig; erheiternd; lächerlich
śniadanie [ɕɲadaɲɛ] Frühstück
śnieg [ɕɲɛk] Schnee
środa [ɕrɔda] Mittwoch
środek [ɕrɔdɛk] Mitte; Mittel

środek do prania [ɕrɔdɛk dɔ praɲa] Waschmittel
środek na krążenie [ɕrɔdɛk na krɔ̃ʒɛɲɛ] Kreislaufmittel
środek na przeczyszczenie [ɕrɔdɛk na pʃɛtʃɨʃtʃɛɲɛ] Abführmittel
śruba [ɕruba] Schraube
świadek [ɕfjadɛk] Zeuge, Zeugin
światła awaryjne [ɕfjatwa avarijnɛ] *(Plural)* Warnblinkanlage
światła hamulcowe [ɕfjatwa xamultsɔvɛ] *(Plural)* Bremslichter
światło [ɕfjatwɔ] Licht
świeca zapłonowa [ɕfjɛtsa zapwɔnɔva] Zündkerze
świeży [ɕfjɛʒɨ] frisch

T

ta (ten, to) [ta (tɛn, tɔ)] diese(r, -s)
tabletka [tablɛtka] Tablette
tabletki na gardło [tablɛtci na gardwɔ] Halstabletten
tabletki nasenne [tablɛtci nasɛnnɛ] Schlaftabletten
tabletki od bólu głowy [tablɛtci ɔt bulu gwɔvɨ] Kopfschmerztabletten
tabletki przeciwbólowe [tablɛtci pʃɛtɕivbulɔvɛ] Schmerztabletten
tablica rejestracyjna [tablitsa rɛjɛstratsɨjna] Nummernschild
taki sam [taci sam] gleich; identisch
taksówkarz [taksufkaʃ] Taxifahrer(in)
talerz [talɛʃ] Teller
tam [tam] da; dort
tamta (tamten, tamto) [tamta (tamtɛn, tamtɔ)] jene(r, -s)
tani [taɲi] *(Adjektiv)* billig
tanio [taɲɔ] *(Adverb)* billig
targ [tark] Markt

telefon [tɛlɛfɔn] Telefon; Anruf
telefon komórkowy [tɛlɛfɔn kɔmurkɔvi] Handy; Mobiltelefon
telefon pierwszej pomocy na autostradzie [tɛlɛfɔn pjɛrfʃɛj pɔmɔtsɨ na awtɔstradʑɛ] Notrufsäule
telewizor [tɛlɛvˌizɔr] Fernseher
tenisówki [tɛɲisufci] Turnschuhe
teraz [tɛras] jetzt
terminal [tɛrmˌinal] Terminal
termometr [tɛrmɔmɛtr] Fieberthermometer
termos [tɛrmɔs] Thermosflasche®
też [tɛʃ] auch
thriller [trilɛr] Thriller
tłusty [twustɨ] fett
to samo [tɔ samɔ] dasselbe
toaleta [tɔalɛta] Toilette
toast [tɔast] Toast *(Trinkspruch)*
tobie [tɔbjɛ] dir
tor [tɔr] Gleis
torba [tɔrba] Tasche
torebka [tɔrɛpka] Handtasche; Tüte
torebka herbaty ekspresowej [tɔrɛpka xɛrbatɨ ɛksprɛsɔvɛj] Teebeutel
torebka na ramię [tɔrɛpka na ramjɛ̃] Umhängetasche
tost [tɔst] Toast *(Brot)*
toster [tɔstɛr] Toaster
tramwaj [tramvaj] Straßenbahn
trasa [trasa] Route
trasa szybkiego ruchu [trasa ʃɨpcɛgɔ ruxu] Schnellstraße
trawienie [travjɛɲɛ] Verdauung
trawnik [travɲik] Rasen
treść [trɛɕtɕ] Inhalt
trochę [trɔxɛ̃] ein bisschen; etwas; ein wenig

troszczyć się o [trɔʃtʃitɕ ɕɛ̃ ɔ] sich sorgen um; kümmern um
trójkąt ostrzegawczy [trujkɔnt ɔstʃɛgaftʃi] Warndreieck
trucizna [trutɕizna] Gift
trudny [trudni] schwer; schwierig
trujący [trujɔntsi] giftig
trwać [trfatɕ] dauern
trwały [trfawi] haltbar
trze-cia(ci/cie) [tʃɛ-tɕa/tɕi/tɕɛ] dritte(r, -s)
trzeźwy [tʃɛzvi] nüchtern *(nicht betrunken)*
trzymać [tʃimatɕ] halten
tu [tu] da; hier
turkusowy [turkusɔvi] türkis
tutaj [tutaj] da; hier
tutejszy [tutejʃi] einheimisch
twardy [tfardi] hart
twarożek [tfarɔʒɛk] Quark
twarz [tfaʃ] *(f)* Gesicht
ty [ti] du
tylko [tilkɔ] nur
tymianek [timjanɛk] Thymian
typowy [tipɔvi] typisch
tytoń [titɔɲ] Tabak

U

u [u] bei *(räumlich)*
ubezpieczalnia [ubɛspjɛtʃalɲa] Krankenkasse
ubranie [ubraɲɛ] Kleidung
ucho [uxɔ] Ohr
uciążliwy [utɕɔ̃ʒlivi] lästig
udar mózgu [udar muzgu] Gehirnschlag
udar słoneczny [udar swɔnɛtʃni] Sonnenstich
ugotowany [ugɔtɔvani] gar
ulica [ulitsa] Straße
umieć [umjɛtɕ] können; gelernt haben
umywalka [umivalka] Handwaschbecken
umywalnia [umivalɲa] Waschraum
upał [upaw] Hitze
uprzejmy [upʃɛjmi] höflich
urlop [urlɔp] Urlaub
urodzony [urɔdzɔni] geboren
urząd [uʒɔnt] Amt; Behörde; Verwaltung
usta [usta] *(Plural)* Mund
uszkodzenie [uʃkɔdzɛɲɛ] Schaden
utrata przytomności [utrata pʃitɔmnɔɕtɕi] Ohnmacht
uwaga [uvaga] Achtung; Vorsicht

V

variétés [varjɛtɛ] *(nt)* Varietee

W

w [v] in *(Frage: wo?)*
waciki do uszu [vatɕici dɔ uʃu] Wattestäbchen
waga [vaga] Gewicht; Waage
wakacje [vakatsjɛ] Ferien
walizka [valiska] Koffer
waluta [valuta] Währung
wam [vam] euch *(Dativ)*
warsztat naprawczy [varʃtat napraftʃi] Werkstatt
warzywa [vaʒiva] *(Plural)* Gemüse
was [vas] euch *(Akkusativ)*
wasz [vaʃ] euer
ważny [vaʒni] wichtig; gültig
ważny [vaʒni] wichtig; gültig
wąski [võsci] schmal
wątroba [vɔntrɔba] Leber
wątróbka [vɔntrupka] Leber
wąwóz [võvus] Schlucht; Pass *(im Gebirge)*
wąż [võʃ] Schlange *(Tier)*

wchodzić/wejść [fxɔdʑitɕ/vejɕtɕ] hereinkommen
wcześnie [ftʃɛɕɲɛ] früh
wcześniej [ftʃɛɕɲɛj] früher; eher
wczoraj [ftʃɔraj] gestern
według [vɛdwuk] nach; gemäß
wegeteriańskie [vɛgtarjaɲskɛ] vegetarisch
wejście [vɛjɕtɕɛ] Eingang; Eintritt
wejściówka na kemping [vɛjɕtɕufka na kɛmpˌiŋk] Campingausweis
wejść [vɛjɕtɕ] hereinkommen
wentylator [vɛntilatɔr] Ventilator
wersja oryginalna [vɛrsja ɔrɨjinalna] Originalfassung
wesoły [vɛsɔwi] heiter; fröhlich; lustig
wewnątrz [vɛvnɔ̃tʃ] drin; drinnen
wędlina [vɛndlˌina] Wurst
węgiel drzewny [vɛ̃jɛl dʒɛvnɨ] Grillkohle
widelec [vˌidɛlɛts] Gabel
widokówka [vˌidɔkufka] Ansichtskarte
wieczorem [vjɛtʃɔrɛm] abends
wieczór [vjɛtʃur] Abend
wiedzieć [vjɛdʑɛtɕ] wissen
Wielkanoc [vjɛlkanɔts] *(f)* Ostern
wielki [vjɛlci] groß
wielkość [vjɛlkɔɕtɕ] *(f)* Größe
wieprzowina [vjɛpʃɔvˌina] Schweinefleisch
wierzyć [vjɛʒɨtɕ] glauben
wieś [vjɛɕ] *(f)* Dorf
więc [vjɛnts] also
więcej [vjɛntsɛj] mehr
Wi-Fi [vi fi] WLAN
wilgotny [vˌilgɔtnɨ] feucht; nass
wina [vˌina] Schuld
winda [vˌinda] Fahrstuhl
wino [vˌinɔ] Wein

wino białe [vˌinɔ bjawɛ] Weißwein
wino czerwone [vˌinɔ tʃɛrvɔnɛ] Rotwein
wino różowe [vˌinɔ ruʒɔvɛ] Rosé
wirus [vˌirus] Virus
wisiorek [vˌiɕɔrɛk] Anhänger
wiza [vˌiza] Visum
wizyta [vˌizita] Besuch; Termin *(Arzt~)*
wjazd [vjast] Einreise; Einfahrt
wkrótce [fkruttsɛ] bald
własny [vwasnɨ] eigen
właściwie [vwaɕtɕivjɛ] *(Adverb)* eigentlich
właściwy [vwaɕtɕivɨ] eigen; für jemanden typisch; zuständig
włosy [vwɔsɨ] *(Plural)* Haar
wnuk/wnuczka [vnuk/vnutʃka] Enkel(in)
woda [vɔda] Wasser
woda mineralna [vɔda mˌinɛralna] Mineralwasser
woda pitna [vɔda pˌitna] Trinkwasser
wodoodporne [vɔdɔɔpɔrnɛ] wasserdicht
wodospad [vɔdɔspat] Wasserfall
wolny [vɔlnɨ] frei
worek na śmieci [vɔrɛk na ɕmjɛtɕi] Abfallbeutel
wprost [fprɔst] *(Adverb)* direkt
wschód [fsxut] Osten; **na ~ od** [na fsxut ɔt] östlich von
wsiadać/wsiąść [fɕadatɕ/fɕɔ̃ɕtɕ] einsteigen
wspólnie [fspulɲɛ] *(Adverb)* gemeinsam
wspólny [fspulnɨ] *(Adjektiv)* gemeinsam
współczynnik ochrony przeciwsłonecznej [fspuwtʃɨɲɲik ɔxrɔnɨ pʃɛtɕifswɔnɛtʃnɛj] Lichtschutzfaktor

wstecz [fstɛtʃ] *(Adverb)* rückwärts
wstęp [fstɛmp] Eintritt
wstrząs mózgu [fstʃɔ̃s muzgu] Gehirnerschütterung
wszędzie [fʃɛndʑɛ] überall
wszyscy [fʃistsi] alle
wszystko [fʃistkɔ] alles
wściekły [fɕtɕɛkwi] wütend
wtedy [ftɛdi] damals; dann; da
wtorek [ftɔrɛk] Dienstag
wtyczka [ftitʃka] Stecker
wy [vi] ihr *(Personalpersonen)*
wybrzeże [vibʒɛʒɛ] Küste
wycieczka [vitɕɛtʃka] Ausflug; Rundfahrt; Tour; Reisegesellschaft
wycieczka jednodniowa [vitɕɛtʃka jɛdnɔdɲɔva] Tagesausflug; Tagestour
wygodny [vigɔdni] bequem
wyjazd [vijast] Ausreise; Ausfahrt
wyjście do samolotu [vijɕtɕɛ dɔ samɔlɔtu] Flugsteig
wyjście zapasowe [vijɕtɕɛ zapasɔvɛ] Notausgang
wykałaczka [vikawatʃka] Zahnstocher
wyliczyć [vilitʃitɕ] berechnen
wyobrażenie [vjɔbraʒɛɲɛ] Vorstellung *(Gedanke)*
wypadek [vipadɛk] Unfall
wyraźnie [viraʑɲɛ] *(Adverb)* deutlich
wyraźny [viraʑni] *(Adjektiv)* klar; deutlich; ausdrücklich
wyrób ręczny [virup rɛ̃tʃni] handgemacht
wysiadać wysiąść [viɕadatɕ/ viɕɔ̃ɕtɕ] aussteigen
wysmażony [vismaʒɔni] durchgebraten
wysoki [visɔci] hoch
wysokie napięcie [visɔcɛ napjɛntɕɛ] Hochspannung
wysokość [visɔkɔɕtɕ] *(f)* Höhe

wytrawne [vitravnɛ] trocken *(Wein)*
wyzwalacz [vizvalatʃ] Auslöser
wzbronione [vzbrɔɲɔnɛ] verboten
wzdęcia [vzdɛntɕa] Blähungen

Z

z [z] aus *(Richtung, Material)* von *(räumlich)* mit *(+ Instr)*
z powodu [s pɔvɔdu] wegen
z powrotem [s pɔvrɔtɛm] zurück; rückwärts
z przodu [s pʃɔdu] vorn
z tyłu [s tiwu] hinten
za [za] hinter; nach *(Reihenfolge)*
za darmo [za darmɔ] kostenlos; gratis
zabandażować [zabandaʒɔvatɕ] verbinden
zabawa [zabava] Unterhaltung *(Vergnügen)*
zaburzenie krążenia [zabuʒɛɲa krɔ̃ʒɛɲa] Kreislaufstörung
zachwycony (kimś, czymś) [zaxfitsɔni (cimɕ, tʃimɕ)] begeistert (von)
zadowolony [zadɔvɔlɔni] froh; erfreut; zufrieden
zajazd [zajast] Raststätte
zajęty [zajɛnti] besetzt
zakazane [zakazanɛ] verboten
zakaźny [zakaʑni] ansteckend
zakręt [zakrɛnt] Kurve
zakwaterowanie [zakfatɛrɔvaɲɛ] Unterkunft
załatwić [zawatfitɕ] besorgen
zameldować [zamɛldɔvatɕ] anmelden
zameldowanie [zamɛldɔvaɲɛ] Anmeldung

zamężna [zamɛ̃ʒna] verheiratet *(Frau)*
zamknięty [zamkɲɛnti] geschlossen
zamówienie [zamuvjɛɲɛ] Bestellung
zanieść [zaɲɛɕtɕ] (weg) bringen
zanotować [zanɔtɔvatɕ] aufschreiben
zapalenie [zapalɛɲɛ] Entzündung
zapalenie migdałków [zapalɛɲɛ mʲigdawkuf] Mandelentzündung
zapalenie mózgu [zapalɛɲɛ muzgu] Hirnhautentzündung
zapalenie płuc [zapalɛɲɛ pwuts] Lungenentzündung
zapalenie spojówek [zapalɛɲɛ spɔjuvɛk] Bindehautentzündung
zapalenie wyrostka robaczkowego [zapalɛɲɛ virɔstka rɔbatʃkɔvɛgɔ] Blinddarmentzündung
zapałka [zapawka] Streichholz
zapisać [zapʲisatɕ] ➤ zapisywać
zapisywać/zapisać [zapʲisivatɕ/zapʲisatɕ] notieren; aufschreiben; anmelden
zapłon [zapwɔn] Zündung
zaraz [zaras] gleich; sofort
zarezerwować [zarɛzɛrvɔvatɕ] buchen
zastaw [zastaf] Pfand
zastrzyk [zastʃik] Spritze
zaświadczenie [zaɕfjattʃɛɲɛ] Bescheinigung; Attest
zatrucie [zatrutɕɛ] Vergiftung
zatrucie krwi [zatrutɕɛ krfʲi] Blutvergiftung
zatrucie pokarmowe [zatrutɕɛ pɔkarmɔvɛ] Lebensmittelvergiftung
zatwardzenie [zatfardzɛɲɛ] Verstopfung

zauważyć [zauvaʒitɕ] bemerken
zawartość [zavartɔɕtɕ] *(f)* Inhalt
zawrót głowy [zavrut gwɔvi] Schwindel
ząb [zɔmp] Zahn
ząb mądrości [zɔmp mɔ̃drɔɕtɕi] Weisheitszahn
zbierać [zbjɛratɕ] sammeln
zdanie [zdaɲɛ] Satz; Meinung
zdążyć (na) [zdɔ̃ʒitɕ (na)] erreichen *(den Zug)*
zdeponować [zdɛpɔnɔvatɕ] hinterlegen
zderzak [zdɛʒak] Stoßstange
zdrowy [zdrɔvi] gesund
ze [zɛ] *(+ gen)* aus *(Richtung, Material)*
ze względu na mnie [zɛ vzglɛndu na mɲɛ] meinetwegen
zegarek na rękę [zɛgarɛk na rɛŋkɛ] Armbanduhr
zegarmistrz [zɛgarmʲistʃ] Uhrmacher
zepsuty [zɛpsuti] kaputt; verdorben *(Essen)*
zewnątrz [zɛvnɔ̃tʃ] außen; **na ~** [na zɛvnɔ̃tʃ] außen
zielona karta [ʑɛlɔna karta] grüne Versicherungskarte
Zielone Świątki [ʑɛlɔnɛ ɕfjɔntɕi] Pfingsten
zielony [ʑɛlɔni] grün
ziemniaki [ʑɛmɲaci] Kartoffeln
zima [ʑima] Winter
zimna woda [ʑimna vɔda] kaltes Wasser
zimno [ʑimnɔ] kalt
złamanie kości [zwamaɲɛ kɔɕtɕi] Knochenbruch
złodziej [zwɔdʑɛj] Dieb
złodziej kieszonkowy [zwɔdʑɛj cɛʃɔnkɔvi] Taschendieb
złoto [zwɔtɔ] Gold
zły [zwi] *(Adjektiv)* böse; schlecht

zmęczony [zmɛ̃t͡ʃɔni] müde; erschöpft
zmienić rezerwację [zmjɛɲitɕ rɛzɛrvatsjɛ̃] umbuchen
zmywarka do naczyń [zmivarka dɔ nat͡ʃiɲ] Geschirrspülmaschine
znaczek pocztowy [znat͡ʃɛk pɔt͡ʃtɔvi] Briefmarke
znaczenie [znat͡ʃɛɲɛ] Bedeutung
znaczyć [znat͡ʃitɕ] heißen; bedeuten
znać [znatɕ] kennen
znajdować się
znaleźć się [znajdɔvatɕ ɕɛ̃/znalɛɕtɕ ɕɛ̃] sich befinden
znak [znak] Zeichen
znaleźć [znalɛɕtɕ] finden
znany [znani] bekannt
znieczulenie [zɲɛt͡ʃulɛɲɛ] Narkose
zniżka [zɲiʃka] Ermäßigung
znowu [znɔvu] wieder
znów [znuf] wieder
zoo [zɔɔ] Zoo
zostać [zɔstatɕ] bleiben; werden
zupa [zupa] Suppe
zużycie wody [zuʑitɕɛ vɔdi] Wasserverbrauch
zwarcie [zvart͡ɕɛ] Kurzschluss
zwierzę [zvjɛʒɛ̃] Tier

zwierzęta domowe [zvjɛʒɛnta dɔmɔvɛ] Haustiere
zwracać/zwrócić [zvratsatɕ/zvrutɕitɕ] zurückbringen
zwrócić [zvrutɕitɕ] ➤ zwracać

Ź

źle [ʑlɛ] *(Adverb)* schlecht
źródło [ʑrudwɔ] Quelle; Ursprung

Ż

żaden [ʒadɛn] kein
żaglówka [ʒaglufka] Segelboot
żarówka [ʒarufka] Glühbirne
żart [ʒart] Witz; Spaß
że [ʒɛ] dass
żeby [ʒɛbi] damit; dass
żeglować [ʒɛglɔvatɕ] segeln
żołądek [ʒɔwɔndɛk] Magen
żona [ʒɔna] Ehefrau
żonaty [ʒɔnati] verheiratet *(Mann)*
żółty [ʒuwti] gelb
życie [ʒitɕɛ] Leben
żyć [ʒitɕ] leben
żyletki do golenia [ʒilɛtci dɔ gɔlɛɲa] Rasierklingen
żywy [ʒivi] lebhaft

WÖRTERBUCH DEUTSCH – POLNISCH

A

ab od [ɔt]; **~ und zu** od czasu do czasu [ɔt t͡ʃasu dɔ t͡ʃasu]
Abend wieczór [vjɛt͡ʃur]
Abendessen kolacja [kɔlatsja]
abends wieczorem [vjɛt͡ʃɔrɛm]
aber ale [alɛ]
Abfahrt odjazd [ɔdjast]
Abfall odpadki *(Plural)* [ɔtpatci]; śmieci *(Plural)* [ɕmjɛtɕi]
Abfallbeutel worek na śmieci [vɔrɛk na ɕmjɛtɕi]
Abflug odlot [ɔdlɔt]
Abführmittel środek na przeczyszczenie [ɕrɔdɛk na pʃɛt͡ʃɨʃt͡ʃɛɲɛ]
abgelaufen nieważny [nʲɛvaʒnɨ]
abreisen (nach) odjeżdżać/odjechać (do + gen) [ɔdjɛʒd͡ʑat͡ɕ/ɔdjɛxat͡ɕ (dɔ)]
Absatz obcas [ɔptsas]
Abschleppdienst pomoc drogowa [pɔmɔts drɔɡɔva]
abschleppen odholować [ɔtxɔlɔvat͡ɕ]
Abschleppseil linka holownicza [lʲinka xɔlɔvnʲit͡ʂa]
Abschleppwagen samochód holujący [samɔxut xɔlujɔnt͡sɨ]
abschließen zamykać/zamknąć [zamɨkat͡ɕ/zamknɔnt͡ɕ]
Absender nadawca *(m)* [nadaftsa]
Abszess ropień [rɔpʲɛɲ]
Abteil przedział [pʃɛd͡ʑaw]
Achtung! uwaga! [uvaɡa]
Adapter adapter [adaptɛr]; łącznik [wɔnt͡ʂnʲik]
Adresse adres [adrɛs]

Akt akt [akt]
Alarmanlage system alarmowy [sɨstɛm alarmɔvɨ]
alkoholfrei bezalkoholowy [bɛzalkɔxɔlɔvɨ]
alkoholfreies Bier piwo bezalkoholowe [pʲivɔ bɛzalkɔxɔlɔvɛ]
alle wszyscy [fʂɨstsɨ]
allein sam [sam]
Allergie alergia [alɛrɟja]
allergiegetestet alergologiczny [alɛrɟɔlɔɟit͡ʂnɛ]
alles wszystko [fʂɨstkɔ]
als *(zeitlich)* kiedy [cɛdɨ]; gdy [ɡdɨ]; *(beim Komparativ)* niż [ɲiʃ]
also więc [vjɛnts]
alt stary [starɨ]
am Sonntag w niedzielę [v nʲɛd͡ʑɛlɛ̃]
am Wochenende w weekend [v wʲikɛnd]
anfangen zaczynać/zacząć [zat͡ʂɨnat͡ɕ/zat͡ʂɔnt͡ɕ]
Angina angina [aɲɟina]
anhalten zatrzymywać/zatrzymać [zatʂɨmɨvat͡ɕ/zatʂɨmat͡ɕ]
Anhänger wisiorek *(Schmuck)* [vʲiɕɔrɛk]; przyczepa [pʃɨt͡ʂɛpa]
Ankunft przyjazd [pʃɨjast]; przylot [pʃɨlɔt]
Ankunftszeit czas przyjazdu/przylotu [t͡ʃas pʃɨjazdu/pʃɨlɔtu]
Anlasser rozrusznik [rɔzruʂnʲik]
anlegen in przybić do [pʃɨbʲit͡ɕ dɔ]
anmelden zameldować [zamɛldɔvat͡ɕ]
Anmeldung zameldowanie [zamɛldɔvaɲɛ]
Anorak kurtka [kurtka]

167

Anreisetag dzień przyjazdu [dʑɛɲ pʃijazdu]
Anruf telefon [tɛlɛfɔn]
anrufen dzwonić/zadzwonić [dzvɔɲitɕ/zadzvɔɲitɕ]
Anschluss połączenie [pɔwɔntʃɛɲɛ]
anschnallen zapiąć pasy [zapjɔ̃tɕ pasi]
Ansichtskarte widokówka [vˌidɔkufka]
ansteckend zakaźny [zakaʑni]
antworten odpowiadać/odpowiedzieć [ɔtpɔvˌjadatɕ/ɔtpɔvˌjɛdʑɛtɕ]
anziehen *(Magnet, auch fig.)* przyciągać/przyciągnąć [pʃitɕɔ̃gatɕ/pʃitɕɔ̃gnɔ̃tɕ]; *(Kleidung)* ubierać/ubrać [ubˌɛratɕ/ubratɕ]
Anzug garnitur [garɲitur]
Apfelsaft sok jabłkowy [sɔk japkɔvi]
Apotheke apteka [aptɛka]
arbeiten pracować [pratsɔvatɕ]
Armband bransoletka [branzɔlɛtka]
Armbanduhr zegarek na rękę [zɛgarɛk na rɛ̃kɛ̃]
Ärmel rękawy [rɛ̃kavi]
Aschenbecher popielniczka [pɔpˌɛlɲitʃka]
Aschenbecher popielniczka [pɔpjɛlɲitʃka]
Aspirin aspiryna [aspˌirina]
Asthma astma [astma]
Attest atest [atɛst]; zaświadczenie [zaɕfˌjattʃɛɲɛ]
auch też [tɛʃ]
Auf-/Abfahrt dojazd/zjazd [dɔjast/zjast]
auf na [na]; *(offen)* otwarty [ɔtfarti]; **~ Polnisch** po polsku [pɔ pɔlsku]
aufbrechen włamywać się/włamać się [vwamivatɕ ɕɛ̃/vwamatɕ ɕɛ̃]
Aufenthalt pobyt [pɔbit]
Auffahrtrampe rampa wjazdowa [rampa vˌjazdɔva]
Aufführung przedstawienie [pʃɛtstavjɛɲɛ]
aufhalten; sich ~ przebywać [pʃɛbivatɕ]
aufhören przestawać/przestać [pʃɛstavatɕ/pʃɛstatɕ]
aufpassen (auf) uważać *(na + Akkusativ)* [uvaʒatɕ (na)]
aufschreiben zapisać [zapˌisatɕ]; zanotować [zanɔtɔvatɕ]
aufstehen wstawać/wstać [fstavatɕ/fstatɕ]
aufwachen obudzić się [ɔbudʑitɕ ɕɛ̃]
Aufzug winda [vˌinda]
aus *(Richtung, Material)* z [z]; ze *(+ Genitiv)* [zɛ]
Ausdruck wydruk [vidruk]
Ausfahrt wyjazd [vijast]
Ausflug wycieczka [vitɕɛtʃka]
Auskunft informacja [infɔrmatsja]
Auslandsflug lot zagraniczny [lɔt zagraɲitʃni]
Auslandsgespräch rozmowa międzynarodowa [rɔzmɔva mjɛndʑinarɔdɔva]
Auslöser wyzwalacz [vizvalatʃ]
Auspuff(rohr) rura wydechowa [rura vidɛxɔva]
Ausreise wyjazd [vijast]
außen na zewnątrz [na zɛvnɔ̃tʃ]; zewnątrz [zɛvnɔ̃tʃ]
außer poza [pɔza]
Aussichtspunkt miejsce widokowe [mˌɛjstsɛ vˌidɔkɔvɛ]; punkt widokowy [punkt vˌidɔkɔvi]
aussprechen wymawiać/wymówić [vimavˌatɕ/vimuvˌitɕ]
aussteigen wysiadać [viɕadatɕ]

auszahlen wypłacać/wypłacić [vɨpwatsatɕ/vɨpwatɕitɕ]
Auto samochód [samɔxut]; auto [awtɔ]
Autobahn autostrada [awtɔstrada]

B

Baby niemowlę [ɲemovlɛ]
Babyfon babyfon [bɛjbifɔn]
Bäckerei piekarnia [pjekarɲa]
Backofen piekarnik [pjekarɲik]
Badeanzug kostium kąpielowy [kɔstjum kɔmpjɛlɔvɨ]
Badehose kąpielówki (pl) [kɔmpjelufci]
Badezimmer łazienka [waʑɛnka]
Bahnhof dworzec [dvɔʒɛts]
Bahnsteig peron [pɛrɔn]
bald wkrótce [fkruttsɛ]
Balkon balkon [balkɔn]
Bänderriss naderwanie ścięgna [nadɛrvaɲɛ ɕtɕɛŋgna]
Bank (Geldinstitut) bank [baŋk]; (Sitzbank) ławka [wafka]
bar zahlen płacić gotówką [pwatɕitɕ gɔtufkɔ̃]
Bar bar [bar]
bar gotówką [gɔtufkɔ̃]; w gotówce [v gɔtuftsɛ]
Bargeld gotówka [gɔtufka]
barrierefrei bez barier [bɛs barjɛr]
Basilikum bazylia [bazilja]
Batterie bateria [batɛrja]
beantworten odpowiadać/ odpowiedzieć [ɔtpɔvjadatɕ/ ɔtpɔvjɛdʑɛtɕ]
Bearbeitungsgebühr opłata manipulacyjna [ɔpwata maɲipulatsɨjna]
Becher kubek [kubɛk]
Bedeutung znaczenie [znatʃɛɲɛ]

befinden; sich ~ znajdować się/znaleźć się [znajdɔvatɕ ɕɛ̃/ znalɛɕtɕ ɕɛ̃]
befürchten obawiać się [ɔbavjatɕ ɕɛ̃]
begegnen spotykać/spotkać [spɔtɨkatɕ/spɔtkatɕ]
begeistert (von) zachwycony (kimś, czymś) [zaxfɨtsɔnɨ (cimɕ, tʃɨmɕ)]
begrüßen (po)witać [(pɔ) vitatɕ]
behalten zatrzymywać/ zatrzymać [zatʃɨmɨvatɕ/ zatʃɨmatɕ]
Behälter pojemnik [pɔjɛmɲik]
Behindertenausweis legitymacja inwalidzka [lɛɟitɨmatsja invalitska]
behindertengerecht przystosowany dla niepełnosprawnych [pʃɨstɔsɔvanɨ dla ɲɛpɛwnɔspravnɨx]
Behörde urząd [uʒɔnt]; instytucja [instɨtutsja]
bei (in der Nähe) w pobliżu [f pɔbliʒu]; (räumlich) u [u]
beide obaj/obie/oboje [ɔbaj/ɔbjɛ/ɔbɔjɛ]
beige beżowy [bɛʒɔvɨ]
Beispiel przykład [pʃɨkwat]
bekannt znany [znanɨ]
Bekannte/r znajom-y/a [znajɔm-i/a]
bekommen otrzymywać/ otrzymać [ɔtʃɨmɨvatɕ/ ɔtʃɨmatɕ]; dostawać/ dostać [dɔstavatɕ/ dɔstatɕ]
bemerken zauważyć [zauvaʒɨtɕ]
bemühen; sich ~ starać się [staratɕ ɕɛ̃]
benachrichtigen zawiadamiać/zawiadomić [zavjadamjatɕ/ zavjadɔmitɕ]
benutzen używać/użyć [uʒɨvatɕ/uʒɨtɕ]

Benzinkanister kanister na benzynę [kaɲistɛr na bɛnzinɛ̃]
Benzinpumpe pompa benzynowa [pɔmpa bɛnzinɔva]
bequem wygodny [vigɔdni]
berechnen policzyć [pɔl̩itʃitɕ]; wyliczyć [vil̩itʃitɕ]
bereits już [juʃ]
Berg góra [gura]
Bescheinigung zaświadczenie [zaɕfjattʃɛɲɛ]
beschlagnahmen skonfiskować [skɔnfiskɔvatɕ]
beschreiben opisywać/opisać [ɔp̩isivatɕ/ɔp̩isatɕ]
beschweren; sich ~ (über) skarżyć się/poskarżyć się (na) [skarʒitɕ ɕɛ̃/pɔskarʒitɕ ɕɛ̃ (na)] *(+ Akkusativ)*
Besen miotła [mjotwa]
besetzt zajęty [zajɛnti]
besichtigen zwiedzać/zwiedzić [zvjɛdzatɕ/zvjɛdzitɕ]
besonders specjalnie [spɛtsjalɲɛ]; szczególnie [ʃtʃɛgulɲɛ]
besorgen starać się/postarać się [staratɕ ɕɛ̃/pɔstaratɕ ɕɛ̃]; załatwić [zawatf̩itɕ]
besser *(als Adjektiv)* lepszy [lɛpʃi]; *(als Adverb)* lepiej [lɛpjej]
beste(r, -s) najlepsz-a(y/e) [najlɛpʃ-a/i/ɛ]
Besteck sztućce *(Plural)* [ʃtutɕtsɛ]
Bestellung zamówienie [zamuvjɛɲɛ]
Besuch odwiedziny *(Plural)* [ɔdvjɛdʑini]; wizyta [v̩izita]
besuchen; jemanden ~ odwiedzać/odwiedzić kogoś [ɔdvjɛdzatɕ/ɔdvjɛdʑitɕ kɔgɔɕ]
Besuchszeit godziny wizyt *(Plural)* [gɔdʑini v̩izit]

beten modlić się [mɔdl̩itɕ ɕɛ̃]
Betrag kwota [kfɔta]; suma [suma]
Betrug oszustwo [ɔʃustfɔ]
betrunken pijany [p̩ijani]
Bett łóżko [wuʃkɔ]
Bettdecke kołdra [kɔwdra]
Bettwäsche pościel *(f)* [pɔɕtɕɛl]
bewusstlos nieprzytomny [ɲɛpʃitɔmni]
bezahlen płacić/zapłacić [pwatɕitɕ/zapwatɕitɕ]
BH biustonosz [b̩iustɔnɔʃ]; stanik [staɲik]
Bier piwo [p̩ivɔ]
Bikini bikini *(n)* [b̩ikiɲi]
billig *(als Adjektiv)* tani [taɲi]; *(als Adverb)* tanio [taɲɔ]
Bindehautentzündung zapalenie spojówek [zapalɛɲɛ spɔjuvɛk]
Bindfaden sznurek [ʃnurɛk]
bis bald do rychłego zobaczenia [dɔ rixwɛgɔ zɔbatʃɛɲa]
bis morgen do jutra [dɔ jutra]
bis später do zobaczenia wkrótce [dɔ zɔbatʃɛɲa fkruttsɛ]
Bistrowagen wagon barowy [vagɔn barɔvi]
Bitte prośba [prɔʑba]
bitten; jemanden um etwas ~ kogoś o coś prosić/poprosić [kɔgɔɕ ɔ tsɔɕ prɔɕitɕ/pɔprɔɕitɕ]
bitter gorzki [gɔʃki]
Blähungen wzdęcia [vzdɛntɕa]
blau niebieski [ɲɛbjɛsci]
Bleistift ołówek [ɔwuvɛk]
bleiben (po)zostać [(pɔ)zɔstatɕ]
blind niewidomy [ɲɛv̩idɔmi]
Blinddarmentzündung zapalenie wyrostka robaczkowego [zapalɛɲɛ virɔstka rɔbatʃkɔvɛgɔ]

blöd głupi [gwup̪i]
Blues blues [blus]
Blumengeschäft kwiaciarnia [kfjatɕarɲa]
Bluse bluzka [bluska]
Blut krew *(f)* [krɛf]
Blutdruck ciśnienie krwi [tɕiɕɲɛɲɛ krf̪i]
bluten krwawić [krfav̪itɕ]
Blutgruppe grupa krwi [grupa krf̪i]
Blutung krwawienie [krfav̪jɛɲɛ]
Blutvergiftung zatrucie krwi [zatrutɕɛ krf̪i]
Bonbons cukierki [tsucɛrci]
Bordkarte karta pokładowa [karta pɔkwadɔva]
Borreliose borelioza [bɔrɛlˌiɔza]
böse zły [zwi]
brauchen potrzebować [pɔtʃɛbɔvatɕ]
braun brązowy [brɔ̃zɔvi]
Brechreiz mdłości *(Plural)* [mdwɔɕtɕi]
breit szeroki [ʃɛrɔci]
Bremse hamulec [xamulɛts]
Bremsflüssigkeit płyn hamulcowy [pwin xamultsɔvi]
Bremslichter światła hamulcowe *(pl)* [ɕv̪jatwa xamultsɔvɛ]
Brief list [lˌist]
Briefkasten skrzynka pocztowa [skʃinka pɔtʃtɔva]
Briefmarke znaczek pocztowy [znatʃɛk pɔtʃtɔvi]
bringen *(herbringen)* przynieść [pʃiɲɛɕtɕ]; *(wegbringen)* zanieść [zaɲɛɕtɕ]
Bronchitis bronchit [brɔnxˌit]
Brosche broszka [brɔʃka]
Brot chleb [xlɛp]
Brötchen bułka [buwka]
Bruch złamanie [zwamaɲɛ]
Brücke most [mɔst]
Brust pierś *(f)* [pjɛrɕ]

Buch książka [kɕɔ̃ʃka]
buchen zarezerwować [zarɛzɛrvɔvatɕ]
Buchung rezerwacja [rɛzɛrvatsja]
Bungalow bungalow [bungalɔv]
Bus autobus [awtɔbus]
Busbahnhof dworzec autobusowy [dvɔʒɛts awtɔbusɔvi]
Butter masło [maswɔ]
Buttermilch maślanka [maɕlanka]
Bypass bypass [bajpas]

Café kawiarnia [kav̪jarɲa]
Camping kemping [kɛmpˌiŋk]
Campingausweis wejściówka na kemping [vɛjɕtɕufka na kɛmpˌiŋk]
Campingplatz pole kempingowe [pɔlɛ kɛmpˌiŋgɔvɛ]
Cent cent [tsɛnt]
Chirurg(in) chirurg(-) [ɕirurg]
Chor chór [xur]
Computerfachgeschäft sklep komputerowy [sklɛp kɔmputɛrɔvi]
Creme krem [krɛm]

da *(dort)* tam [tam]; *(hier)* tu [tu]; tutaj [tutaj]; *(dann)* wtedy [ftɛdi]; *(weil)* ponieważ [pɔɲɛvaʃ]
dafür sein być za [bitɕ za]
dagegen sein być przeciwko [bitɕ pʃɛtɕifkɔ]
daheim w domu [v̪ dɔmu]
damals wtedy [ftɛdi]
danach potem [pɔtɛm]
danken dziękować/ podziękować [dʑɛŋkɔvatɕ/ pɔdʑɛŋkɔvatɕ]

dann potem [pɔtɛm]
dass że [ʒɛ]; *(damit)* aby [abɨ]; żeby [ʒɛbɨ]
dasselbe to samo [tɔ samɔ]
dauern trwać [trfatɕ]
Defekt defekt [dɛfɛkt]
dein(e) twój/twoja/twoje [tfuj/tfɔja/tfɔjɛ]
denken an myśleć/pomyśleć o [mɨɕlɛtɕ/pɔmɨɕlɛtɕ ɔ]
denn ponieważ [pɔɲɛvaʃ]; gdyż [gdɨʃ]
deshalb ponieważ [pɔɲɛvaʃ]; gdyż [gdɨʃ]
desinfizieren dezynfekować [dɛzɨnfɛkɔvatɕ]
deutlich *(als Adverb)* wyraźnie [vɨraʑɲɛ]
deutsch niemiecki [ɲɛmjɛtɕki]
Deutsche/r Niemiec, Niemka [ɲɛmjɛts/ɲɛmka]
Deutschland Niemcy *(Plural)* [ɲɛmtsɨ]
Diagnose diagnoza [djagnɔza]
Diät dieta [djɛta]
dich cię [tɕɛ̃]; ciebie [tɕɛbjɛ]
dick gruby [grubɨ]
Dieb złodziej [zwɔdʑɛj]
Diebstahl kradzież *(f)* [kradʑɛʃ]
Dienstag wtorek [ftɔrɛk]
diese(r, -s) ta (ten, to) [ta, tɛn, tɔ]
Digitalkamera aparat cyfrowy [aparat tsɨfrɔvɨ]
dir tobie [tɔbjɛ]
direkt *(als Adjektiv)* bezpośredni [bɛspɔɕrɛdni]; *(als Adverb)* bezpośrednio [bɛspɔɕrɛdnɔ]; wprost [fprɔst]
doch ależ tak [alɛʃ tak]; *(trotzdem)* jednak [jɛdnak]
Donnerstag czwartek [tʃfartɛk]
doppelt podwójny [pɔdvujnɨ]
Dorf wieś *(f)* [vjɛɕ]
dort tam [tam]

Dosenöffner otwieracz do puszek [ɔtfjɛratʃ dɔ puʃɛk]
Draht drut [drut]
Drama dramat [dramat]
draußen *(außerhalb eines Raumes, Gebäudes)* na dworze [na dvɔʒɛ]
drin w środku [f ɕrɔtku]; wewnątrz [vɛvnɔ̃tʃ]
dringend pilnie [pilɲɛ]
drinnen w środku [f ɕrɔtku]; wewnątrz [vɛvnɔ̃tʃ]
dritte(r, -s) trze-cia(ci/cie) [tʃɛ-tɕa/tɕi/tɕɛ]
Drogerie drogeria [drɔgɛrja]
du ty [tɨ]
dumm głupi [gwupi]
dunkel *(als Adjektiv)* ciemny [tɕɛmnɨ]; *(als Adverb)* ciemno [tɕɛmnɔ]
dünn cienki [tɕɛnki]; *(schlank)* szczupły [ʃtʃupwɨ]
durch *(räumlich, auch Mittel, Ursache)* przez [pʃɛs]
Durchfall biegunka [bjɛgunka]
durchgebraten wysmażony [vɨsmaʒɔni]
dürfen móc [muts]
durstig spragniony [spragnɔnɨ]
Dusche prysznic [prɨʃnits]

E

Ebbe odpływ (morza) [ɔdpwɨf (mɔʒa)]
ebenerdig bezprogowy [bɛsprɔgɔvɨ]
echt *(als Adjektiv)* prawdziwy [pravdʑivɨ]; *(als Adverb)* na prawdę [na pravdɛ̃]
Ehefrau żona [ʒɔna]; małżonka [mawʒɔnka]
Ehemann mąż [mɔ̃ʃ]; małżonek [mawʒɔnɛk]
eigen własny [vwasnɨ]; *(für jemanden typisch)* właściwy [vwaɕtɕivɨ]

eigentlich *(als Adverb)* właściwie [vwaɕtɕivjɛ]
eilig *(als Adverb)* pośpiesznie [pɔɕpjɛʃnɛ]
Eimer wiadro [vjadrɔ]
ein(e) jeden/jedno (jedna) [jedɛn/jednɔ (jedna)]
einchecken zgłaszać się do odprawy [zgwaʃatɕ ɕɛ dɔ ɔtpravi]
einfach *(als Adjektiv)* prosty [prɔsti]; łatwy [watfi]; *(als Adverb)* po prostu [pɔ prɔstu]
Einfahrt wjazd [vjast]
einfarbig jednokolorowy [jednɔkɔlɔrɔvi]
Eingang wejście [vɛjɕtɕɛ]
einheimisch tutejszy [tutɛjʃi]; miejscowy [mjɛjstsɔvi]; rodzimy [rɔdʑimi]
einige kilka [cilka]; niektórzy [nɛktuʒi]
einkaufen robić zakupy [rɔbitɕ zakupi]; kupować [kupɔvatɕ]
einladen zapraszać/zaprosić [zapraʃatɕ/zaprɔɕitɕ]
einmal raz [ras]
Einreise wjazd [vjast]
einschalten włączać/włączyć [vwɔ̃tʃatɕ/vwɔ̃tʃitɕ]
einsteigen wsiadać [fɕadatɕ]
Eintritt wstęp [fstɛmp]; wejście [vɛjɕtɕɛ]
Eintrittskarte bilet wstępu [bilɛt fstɛmpu]
einzig jedyny [jedini]
Eis lód [lut]; lody *(Plural)* [lɔdi]
elektrisch elektryczny [ɛlɛktritʃni]
Elektrohandlung sklep z artykułami elektrycznymi [sklɛp z artikuwami ɛlɛktritʃnimi]
Elektroherd kuchenka elektryczna [kuxɛnka ɛlɛktritʃna]
Empfänger odbiorca *(m)* [ɔdbjɔrtsa]

empfehlen polecać/polecić [pɔlɛtsatɕ/pɔlɛtɕitɕ]
Ende koniec [kɔɲɛts]
endlich nareszcie [narɛʃtɕɛ]
Endstation stacja końcowa [statsja kɔɲtsɔva]
eng ciasny [tɕasni]
englisch angielski [aŋɟɛlsci]
Enkel(in) wnuk, wnuczka [vnuk/vnutʃka]
entdecken odkrywać/odkryć [ɔtkrivatɕ/ɔtkritɕ]
entscheiden rozstrzygać/rozstrzygnąć [rɔstʃigatɕ/rɔstʃignɔ̃tɕ]
entschuldigen; sich ~ przepraszać/przeprosić [pʃɛpraʃatɕ/pʃɛprɔɕitɕ]
Entschuldigung przeprosiny *(Plural)* [pʃɛprɔɕini]
enttäuscht rozczarowany [rɔstʃarɔvani]
entweder ... oder albo... albo [albɔ albɔ]
entwerten skasować [skasɔvatɕ]
Entzündung zapalenie [zapalɛɲɛ]
erhalten otrzymywać/otrzymać [ɔtʃimivatɕ/ɔtʃimatɕ]
erholen; sich ~ wypoczywać/wypocząć [vipɔtʃivatɕ/vipɔtʃɔ̃tɕ]
erinnern przypominać/przypomnieć [pʃipɔminatɕ/pʃipɔmɲɛtɕ]
Erkältung przeziębienie [pʃɛʑɛmbjɛɲɛ]
Ermäßigung zniżka [zɲiʃka]
ernst *(als Adjektiv)* poważny [pɔvaʒni]; *(als Adverb)* poważnie [pɔvaʒɲɛ]; na serio [na sɛriɔ]
erreichen docierać/dotrzeć (do) [dɔtɕeratɕ/dɔtʃɛtɕ (dɔ)]; osiągnąć [ɔɕɔ̃gnɔ̃tɕ]; *(den Zug)* zdążyć (na) [zdɔ̃ʒitɕ (na)]
Ersatzrad koło zapasowe [kɔwɔ zapasɔvɛ]

ersetzen zastępować/zastąpić [zastɛmpɔvatɕ/zastɔmpˌitɕ]; *(Unkosten)* zwrócić [zvrutɕitɕ]
erst *(zuerst)* najpierw [najpjɛrf]; *(nicht früher als)* dopiero [dɔpjɛrɔ]
erste(r, -s) pierwsza/(pierwszy/e) [pjɛrffa(pjɛrff-i/ɛ)]
Erwachsene/r dorosł-a/y [dɔrɔsw-a/i]
erwarten *(warten auf)* czekać na [tʂɛkatɕ na]; *(rechnen mit)* oczekiwać [ɔtʂɛcivatɕ]
erzählen opowiadać/opowiedzieć [ɔpɔvjadatɕ/ɔpɔvjɛdzɛtɕ]
essbar jadalny [jadalni]
Essen jedzenie [jɛdzɛɲɛ]
essen jeść [jɛɕtɕ]
etwa około [ɔkɔwɔ]
etwas coś [tsɔɕ]; *(ein wenig)* trochę [trɔxɛ̃]
EU-Bürger obywatel Unii Europejskiej [ɔbivatɛl uɲi ɛwrɔpɛjskɛj]
euch *(Akkusativ)* was [vas]; *(Dativ)* wam [vam]
euer wasz [vaʃ]
Euro euro [ɛwrɔ]

F

Facharzt, ärztin specjalista, specjalistka [spɛtsjalista/spɛtsjalistka]
Faden nitka [ɲitka]
Fähre prom [prɔm]
fahren jechać/jeździć [jɛxatɕ/jɛʑdʑitɕ]
Fahrkarte bilet [bˌilɛt]
Fahrplan rozkład jazdy [rɔskwat jazdi]
Fahrrad rower [rɔvɛr]
Fahrschein bilet [bˌilɛt]
Fahrscheinentwerter kasownik [kasɔvɲik]
Fahrstuhl winda [vˌinda]
Fahrt jazda [jazda]
fallen upadać/upaść [upadatɕ/upaɕtɕ]

falls jeśli [jɛɕlˌi]
falsch *(unrichtig)* błędny [bwɛndni]; *(betrügerisch)* fałszywy [fawʂivi]
Familie rodzina [rɔdʑina]
Familienname nazwisko [nazvˌiskɔ]
fangen chwytać/schwytać [xfitatɕ/sxfitatɕ]; *(Fische)* łowić/złowić [wɔvˌitɕ/zwɔvˌitɕ]
farbig kolorowy [kɔlɔrɔvi]
Farbstift kredka [krɛtka]
fast prawie [pravjɛ]
Fasten post [pɔst]
faul leniwy [lɛɲivi]
fehlen brakować [brakɔvatɕ]
Fehler *(den man macht)* błąd [bwɔnt]; *(den man hat)* brak [brak]
Feinkostgeschäft delikatesy *(Plural)* [dɛlˌikatɛsi]
Felswand ściana skalna [ɕtɕana skalna]
Fensterplatz miejsce przy oknie [mjɛjstsɛ pʂi ɔknɛ]
Ferien wakacje [vakatsjɛ]
Ferienhaus dom wczasowy [dɔm ftʂasɔvi]
Fernseher telewizor [tɛlɛvˌizɔr]
fertig gotowy [gɔtɔvi]
Festival festiwal [fɛstˌival]
fett tłusty [twusti]
fettarm niskotłuszczowy [ɲiskɔtwuʂtʂɔvi]
feucht wilgotny [vˌilgɔtni]
Feuer ogień [ɔjɛɲ]
feuergefährlich łatwopalny [watvɔpalɲi]
Feuerlöscher gaśnica [gaɕɲitsa]
Feuermelder sygnalizator pożarowy [sigɲalˌizatɔr pɔʐarɔvi]
Feuerwehr straż pożarna *(f)* [straʂ pɔʐarna]
Fieber gorączka [gɔrɔntʂka]
Fieberthermometer termometr [tɛrmɔmɛtr]
Film film [fˌilm]
finden znaleźć [znalɛɕtɕ]
Fisch ryba [riba]

Flasche butelka [butɛlka]
Flaschenöffner otwieracz do butelek [otfʲɛratʃ dɔ butɛlɛk]
Fleisch mięso [mjɛ̃sɔ]
fliegen lecieć/polecieć [lɛtɕɛtɕ/pɔlɛtɕɛtɕ]
Flohmarkt pchli targ [pxlʲi tark]
Flug lot [lɔt]
Fluggesellschaft linie lotnicze [lʲinʲɛ lɔtnʲitʃɛ]
Flughafen lotnisko [lɔtnʲiskɔ]
Flugsteig wyjście do samolotu [vijɕtɕɛ dɔ samɔlɔtu]
Fluss rzeka [ʒɛka]
Föhn suszarka do włosów [suʃarka dɔ vwɔsuf]
Fotoapparat aparat fotograficzny [aparat fɔtɔɡrafʲitʃni]
Fotogeschäft sklep z artykułami fotograficznymi [sklɛp z artɨkuwamʲi fɔtɔɡrafʲitʃnimʲi]
fragen pytać/spytać [pɨtatɕ/spɨtatɕ]
frankieren frankować [frankɔvatɕ]; nalepić znaczek [nalɛpʲitɕ znatʃɛk]
Frau pani [paɲi]; kobieta [kɔbjɛta]
frei wolny [vɔlnɨ]; *(kostenlos)* bezpłatny [bɛspwatnɨ]
Freilichtmuseum skansen [skansɛn]
Freilufttheater teatr letni [tɛatr lɛtnʲi]
Freitag piątek [pjɔntɛk]
freuen; sich ~ cieszyć się/ucieszyć się [tɕɛʃɨtɕ ɕɛ̃/utɕɛʃɨtɕ ɕɛ̃]
frieren marznąć [marznɔntɕ]
frisch świeży [ɕfjɛʒɨ]
Frischhaltefolie folia spożywcza [fɔlja spɔʒɨftʃa]
Friseur fryzjer [frizjɛr]

froh *(heiter)* wesoły [vɛsɔwɨ]; *(erfreut, zufrieden)* zadowolony [zadɔvɔlɔnɨ]
früh wcześnie [ftʃɛɕɲɛ]
früher *(als Adverb: ehemals)* dawniej [davɲɛj]; *(eher)* wcześniej [ftʃɛɕɲɛj]
Frühstück śniadanie [ɕɲadaɲɛ]
fühlen czuć [tʃutɕ]
Führerschein prawo jazdy [pravɔ jazdɨ]
für *(für jemanden)* dla [dla]; *(für etwas)* na [na]
fürchten bać się [batɕ ɕɛ̃]

G

Gabel widelec [vʲidɛlɛts]
Gang *(im Auto)* bieg [bjɛk]; *(Essen)* danie [daɲɛ]; *(Platz)* przejście [pʃɛjɕtɕɛ]
ganz *(als Adjektiv)* cały [tsawɨ]; *(vollständig)* całkowity [tsawkɔvʲitɨ]; *(als Adverb)* całkiem [tsawcɛm]
gar ugotowany [ugɔtɔvanɨ]
Garage garaż [garaʃ]
Garderobe szatnia [ʃatɲa]
Gasflasche butla gazowa [butla gazɔva]
Gasherd kuchenka gazowa [kuxɛnka gazɔva]
Gaskocher kocher gazowy [kɔxɛr gazɔvɨ]
Gast gość [gɔɕtɕ]
Gebäck pieczywo [pjɛtʃɨvɔ]
gebacken pieczony [pʲɛtʃɔnɨ]
geben dawać/dać [davatɕ/datɕ]
Gebirge góry *(Plural)* [gurɨ]
geboren urodzony [urɔdzɔnɨ]
Gebühr opłata [ɔpwata]
Geburtsdatum data urodzenia [data urɔdzɛɲa]
Geburtsname nazwisko panieńskie [nazvʲiskɔ paɲɛɲscɛ]

175

Geburtsort miejsce urodzenia [mˌɛjstsɛ urɔdzɛna]
Gedeck nakrycie [nakritɕɛ]
gefüllt nadziewany [nadʑevani]
gegen Mittag około południa [ɔkɔwɔ pɔwudɲa]
gegen przeciw [pʃɛtɕif]
Gegend okolica [ɔkɔlˌitsa]
gegenüber naprzeciwko [napʃɛtɕifkɔ]
gehen iść [iɕtɕ]; pójść [pujɕtɕ]
Gehirn mózg [musk]
Gehirnerschütterung wstrząs mózgu [fstʃɔ̃s muzgu]
Gehör słuch [swux]
gehören należeć [naleʒɛtɕ]
Gehörlose/r głuch-a(y) [gwux-a/i]
gekocht gotowany [gɔtɔvani]
gelb żółty [ʒuwti]
Geld pieniądze *(pl)* [pˌeɲɔndʑɛ]
Geldautomat bankomat [baŋkɔmat]
Geldbeutel portmonetka [pɔrtmɔnetka]
Geldkarte karta płatnicza [karta pwatɲitʂa]
Gelenk staw [staf]
gemeinsam *(als Adjektiv)* wspólny [fspulni]; *(als Adverb)* wspólnie [fspulɲɛ]; razem [razem]
gemischt mieszany [mjɛʂani]
Gemüse warzywa *(Plural)* [vaʒiva]; jarzyny *(Plural)* [jaʒini]
genau *(als Adjektiv)* dokładny [dɔkwadni]; *(als Adverb)* dokładnie [dɔkwadɲɛ]
genauso ... wie dokładnie tak... jak [dɔkwadɲɛ tak jak]
genug dosyć [dɔsitɕ]; dość [dɔɕtɕ]
geöffnet otwarty [ɔtfarti]
Gepäck bagaż [bagaʂ]

gerade prosty [prɔsti]; *(zeitlich)* akurat [akurat]; w tej chwili [ftɛj xvˌilˌi]
geradeaus prosto [prɔstɔ]
Gericht *(Essen)* potrawa [pɔtrava]; *(Justiz)* sąd [sɔnt]
gern chętnie [xɛntɲɛ]
Geschirr naczynia *(Plural)* [natʂina]
Geschirrspülmaschine zmywarka do naczyń [zmivarka dɔ natʂiɲ]
Geschirrtuch ścierka do naczyń [ɕtɕerka dɔ natʂiɲ]
geschlossen zamknięty [zamkɲɛti]
Geschmack smak [smak]
geschmort duszony [duʂɔni]; smażony [smaʒɔni]
geschwollen spuchnięty [spuxɲɛnti]
Gesicht twarz *(f)* [tfaʂ]
Gespräch rozmowa [rɔzmɔva]
gestern wczoraj [ftʂɔraj]
gesund zdrowy [zdrɔvi]
Getränk napój [napuj]
Getriebe skrzynia biegów [skʃina bjeguf]
Gewicht waga [vaga]
Gewürz przyprawa [pʃiprava]
gibt; es ~ jest/są [jɛst/sɔ̃]
Gift trucizna [trutɕizna]
giftig trujący [trujɔntsi]
Gipfel szczyt [ʂtʂit]
Glas szklanka [ʂkla ka]
glauben wierzyć [vjɛʒitɕ]; *(meinen)* sądzić [sɔɲdʑitɕ]
gleich równy [ruvni]; *(identisch)* taki sam [taci sam]; *(sofort)* zaraz [zaras]
gleichzeitig *(als Adjektiv)* równoczesny [ruvnɔtʂesni]; *(als Adverb)* jednocześnie [jednɔtʂeɕɲɛ]
Gleis tor [tɔr]
Glück szczęście [ʂtʂɛ̃ɕtɕɛ]

glücklich szczęśliwy [ʃtʃɛ̃ɕ̧ˌivɨ]
Glühbirne żarówka [ʒarufka]
Gold złoto [zwɔtɔ]
Gott Bóg [buk]
Gräte ość (f) [ɔɕtɕ]
gratis za darmo [za darmɔ]
Grenze granica [graɲitsa]
Grenzübergang przejście graniczne [pʃɛjɕtɕɛ graɲitʃnɛ]
Grill grill [gril]
Grillkohle węgiel drzewny [vɛ̃gjel dʒɛvnɨ]
Grippe grypa [gripa]
groß duży [duʒɨ]; wielki [vjelci]
Größe wielkość (f) [vjelkɔɕtɕ]; (Kleidung) rozmiar [rɔzmjar]
Großmutter babka [bapka]; babcia [baptɕa]
Großvater dziadek [dʑadɛk]
Grotte grota [grɔta]
grün zielony [ʑelɔɲi]
Grund powód [pɔvut]
grüne Versicherungskarte polisa ubezpieczeniowa [pɔlˌisa ubɛspjetʃɛɲɔva]; zielona karta [ʑelɔna karta]
gültig ważny [vaʒnɨ]; aktualny [aktualnɨ]
Gürtel pasek [pasɛk]
gut (als Adjektiv) dobry [dɔbrɨ]; (als Adverb) dobrze [dɔbʒɛ]
Gute Nacht dobranoc [dɔbranɔts]
Guten Morgen dzień dobry [dʑɛɲ dɔbrɨ]
Guten Tag dzień dobry [dʑɛɲ dɔbrɨ]
Gute Reise szczęśliwej podróży [ʃtʃɛ̃ɕ̧ˌivej pɔdruʒi]

H

Haare włosy (Plural) [vwɔsɨ]
haben mieć [mjetɕ]

Hafen port [pɔrt]
halb pół [puw]
Halbpension nocleg ze śniadaniem i kolacją [nɔtslɛk zɛ ɕɲadaɲɛm i kɔlatsjɔ̃]
Hallo/Grüß dich cześć/witam [tʃɛɕtɕ/vˌitam]
Halsschmerzen ból gardła [bul gardwa]
Halstabletten tabletki na gardło [tablɛtci na gardwɔ]
halt! stop! [stɔp]
haltbar trwały [trfawɨ]
halten trzymać [tʃɨmatɕ]; (stehen bleiben) zatrzymywać się/zatrzymać się [zatʃɨmɨvatɕ ɕɛ̃/ zatʃɨmatɕ ɕɛ̃]
Haltestelle przystanek [pʃɨstanɛk]
Handbremse hamulec ręczny [xamulɛts rɛ̃tʃnɨ]
Handgas (Auto) ręczny pedał gazu [rɛntsnɨ pɛdaw gazu]
handgemacht wyrób ręczny [vɨrup rɛ̃tʃnɨ]
Handschuhe rękawiczki [rɛŋkavˌitʃci]
Handtasche torebka [tɔrɛpka]
Handtuch ręcznik [rɛntʃnik]
Handy telefon komórkowy [tɛlɛfɔn kɔmurkɔvɨ]; komórka (umgangssprachlich) [kɔmurka]
hart twardy [tfardɨ]
häufig często [tʃɛ̃stɔ]
Hauptbahnhof dworzec główny [dvɔʒɛts gwuvnɨ]
Hauptrolle rola główna [rɔla gwuvna]
Hauptsaison szczyt sezonu [ʃtʃɨt sɛzɔnu]
Hauptspeise danie główne [daɲe gwuvnɛ]
Hauptstadt stolica [stɔlˌitsa]
Hauptstraße główna ulica [gwuvna ulˌitsa]
Haus dom [dɔm]

Hausnummer numer domu [numɛr dɔmu]
Haustiere zwierzęta domowe [zvjęzenta dɔmɔvɛ]
Haut skóra [skura]
heiß *(als Adverb)* gorąco [gɔrɔntsɔ]
heißen nazywać się [nazivatɕ ɕɛ̃]; *(bedeuten)* znaczyć [znatʃitɕ]
helfen; jemandem ~ pomagać/pomóc komuś [pɔmagatɕ/pɔmuts kɔmuɕ]
Herd kuchenka [kuxɛnka]
herein! proszę wejść! [prɔʃɛ̃ vɛjɕtɕ]
hereinkommen wejść [vɛjɕtɕ]; wchodzić [fxɔdʑitɕ]
Hering śledź [ɕlɛtɕ]; kołek do namiotu [kɔwɛk dɔ namjɔtu]
Herr pan [pan]
Herz serce [sɛrtsɛ]
Herzfehler wada serca [vada sɛrtsa]
herzlich *(als Adverb)* serdecznie [sɛrdɛtʃɲɛ]
Herzschrittmacher rozrusznik serca [rɔzruʃnik sɛrtsa]
heute dzisiaj [dʑiɕaj]
heute Morgen/heute Abend dzisiaj rano/dzisiaj wieczorem [dʑiɕaj ranɔ/dʑiɕaj vjɛtʃɔrɛm]
hier tutaj [tutaj]
Hilfe pomoc *(f)* [pɔmɔts]
hinlegen; sich ~ kłaść się/położyć się [kwaɕtɕ ɕɛ̃/pɔwɔʒitɕ ɕɛ̃]
hinten z tyłu [s_tiwu]; w tyle [f_tilɛ]
hinter za [za]
hinterlegen zdeponować [zdɛpɔnɔvtɕ]
Hirnhautentzündung zapalenie mózgu [zapalɛɲɛ muzgu]
Hitze upał [upaw]
hoch wysoki [visɔci]
Hochspannung wysokie napięcie [visɔcɛ napjɛntɕɛ]

höchstens najwyżej [najviʒɛj]
höflich grzeczny [gʒɛtʃni]; uprzejmy [upʃɛjmi]
Höhe wysokość *(f)* [visɔkɔɕtɕ]
Höhle jaskinia [jasciɲa]; grota [grɔta]
Holz drzewo [dʒɛvɔ]; drewno [drɛvnɔ]
Honig miód [mjut]
hören słuchać [swuxatɕ]; słyszeć [swiʃɛtɕ]
Hose spodnie *(Plural)* [spɔdɲɛ]
hungrig sein być głodnym [bitɕ gwɔdnim]
Husten kaszel [kaʃɛl]
Hustensaft syrop na kaszel [sirɔp na kaʃɛl]
Hut kapelusz [kapɛluʃ]

I

ich ja [ja]
Idee idea [idɛa]; pomysł [pɔmisw]
ihr *(Personalpronomen)* wy [vi]; *(Possessivpronomen: f)* jej [jɛj]; *(Possessivpronomen: Plural)* ich [ix]
Impfpass karta szczepień [karta ʃtʃɛpjɛɲ]
Impfung szczepienie [ʃtʃɛpjɛɲɛ]
in *(Frage: wo?)* w (+ *Lokativ*) [v]; *(Frage: wohin?)* do (+ *Genitiv*) [dɔ]
Infektion infekcja [infɛktsja]
informieren; sich ~ zasięgać/zasięgnąć informacji [zaɕɛ̃gatɕ/zaɕɛ̃gnɔ̃tɕ infɔrmatsi]
Infusion infuzja [infuzja]
Inhalt zawartość *(f)* [zavartɔɕtɕ]; treść *(f)* [trɛɕtɕ]
Inlandsflug lot krajowy [lɔt krajɔvi]
Insektenspray spray na owady [sprɛj na ɔvadi]

Insektenstich ukąszenie/ użądlenie [ukɔ̃ʃɛɲɛ/ uʒɔ̃dlɛɲɛ]
interessieren; sich ~ (für) interesować się (czymś/ kimś) [intɛrɛsɔvatɕ ɕɛ̃ (tʃimɕ/ɕimɕ)]
international międzynarodowy [mjɛndzinarɔdɔvi]
Internetbuchung rezerwacja internetowa [rɛzɛrvatsja intɛrnɛtɔva]
Ischias rwa kulszowa [rva kulʃɔva]; ischias [isxjas]

J

ja tak [tak]
Jacke kurtka [kurtka]
Jahr rok [rɔk]
Jazz jazz [dʒɛs]
Jeans jeansy; dżinsy *(Plural)* [dʒinsi]
jeden Tag każdego dnia [kaʒdɛgɔ dɲa]
jeder każdy [kaʒdi]
jemand ktoś [ktɔɕ]
jene(r, -s) tamta (tamten, tamto) [tamta (tamtɛn, tamtɔ)]
jetzt teraz [tɛras]
Joghurt jogurt [jɔgurt]
jucken swędzi(e)ć [sfɛndʑi(e)tɕ]
jung młody [mwɔdi]
Junge chłopiec [xwɔpjɛts]

K

Kabarett kabaret [kabarɛt]
Kabine kabina [kabina]
Kaffee kawa [kava]
Kaffeefilter filtr do kawy [filtr dɔ kavi]
Kaffeemaschine automat do kawy [awtɔmat dɔ kavi]
Kalbfleisch cielęcina [tɕɛlɛntɕina]
kalorienarm niskokaloryczny [ɲiskɔkalɔritʃni]

kalt zimno [ʑimnɔ]
kaltes Wasser zimna woda [ʑimna vɔda]
Kamm grzebień [gʒɛbjɛɲ]
kämmen czesać [tʃɛsatɕ]
kaputt zepsuty [zɛpsuti]
Kartoffeln ziemniaki [ʑɛmɲaci]
Käse ser [sɛr]
Kasse kasa [kasa]
kaufen kupować/kupić [kupɔvatɕ/kupitɕ]
Kaufhaus dom towarowy [dɔm tɔvarɔvi]
Kaugummi guma do żucia [guma dɔ ʒutɕa]
Kaution kaucja [kawtsja]
Kehrschaufel szufelka [ʃufɛlka]
kein żaden [ʒadɛn]
Kekse ciasteczka [tɕastɛtʃka]
Kellner(in) kelner(ka) [kɛlnɛr/ka]
kennen znać [znatɕ]
Kiefer szczęka [ʃtʃɛŋka]
Kilogramm kilogram [cilɔgram]
Kilometer kilometr [cilɔmɛtr]
Kinderbett łóżko dziecięce [wuʃkɔ dʑɛtɕɛ̃tsɛ]
Kinderfahrkarte bilet dla dziecka [bilɛt dla dʑɛtska]
Kindersitz fotelik dla dziecka [fɔtɛlik dla dʑɛtska]
Kinderteller porcja dziecięca [pɔrtsja dʑɛtɕɛ̃tsa]
Kino kino [cinɔ]
kitschig kiczowaty [citʃɔvati]
Kiwi kiwi [civi]
klar *(als Adjektiv)* czysty [tʃisti]; jasny [jasni]; *(deutlich)* wyraźny [viraʑni]; *(als Adverb)* jasne [jasnɛ]; oczywiście [ɔtʃiviɕtɕɛ]
Klassik klasyka [klasika]
Kleidung ubranie [ubraɲɛ]
klein mały [mawi]
Kleingeld drobne *(Plural)* [drɔbnɛ]

Klimaanlage klimatyzacja [klˌimatizatsja]
Knöchel kostka [kɔstka]
Knochen kość *(f)* [kɔɕtɕ]
Knochenbruch złamanie kości [zwamanɛ kɔɕtɕi]
Knopf guzik [guʑik]
Koch, Köchin kucha-rz, rka [kuxa-ʃ/rka]
kochen gotować [gɔtɔvatɕ]
Kocher kuchenka [kuxɛnka]
Koffer walizka [valˌiska]
Kofferraum bagażnik [baɡaʒnik]
kommen przychodzić/przyjść [pʃixɔdʑitɕ/pʃijɕtɕ]
Kondom prezerwatywa [prɛzɛrvativa]; kondom [kɔndɔm]
können móc [muts]; *(gelernt haben)* umieć [umjɛtɕ]
Konsulat konsulat [kɔnsulat]
Kontakt kontakt [kɔntakt]
Konto konto [kɔntɔ]
Konzert koncert [kɔntsɛrt]
Kopfschmerzen bóle głowy [bulɛ gwɔvi]
Kopfschmerztabletten tabletki od bólu głowy [tablɛtci ɔt bulu gwɔvi]
Korkenzieher korkociąg [kɔrkɔtɕɔŋk]
kosten kosztować [kɔʃtɔvatɕ]
kostenlos za darmo [za darmɔ]
krank chory [xɔri]
Krankenhaus szpital [ʃpˌital]
Krankenkasse kasa chorych [kasa xɔrix]
Krankenschein poświadczenie ubezpieczenia na wypadek choroby [pɔɕfjattʃɛɲɛ ubɛspjɛtʃɛɲa na vipadɛk xɔrɔbi]
Krankenschwester pielęgniarka [pjɛlɛŋɡnarka]; siostra *(umgangssprachlich)* [ɕɔstra]

Krankenwagen karetka pogotowia [karɛtka pɔɡɔtɔvja]
Krankheit choroba [xɔrɔba]
Kreditkarte karta kredytowa [karta krɛditɔva]
Kreislaufmittel środek na krążenie [ɕrɔdɛk na krɔ̃ʒɛɲɛ]
Kreislaufstörung zaburzenie krążenia [zabuʒɛɲa krɔ̃ʒɛɲa]
Kreuzung skrzyżowanie [skʃiʒɔvaɲɛ]
Küche kuchnia [kuxɲa]
Küchensieb sit(k)o [ɕit(k)ɔ]
Kuchen ciasto [tɕastɔ]
Kugelschreiber długopis [dwugɔpˌis]
kühl chłodny [xwɔdni]
Kühlschrank lodówka [lɔdufka]
Kultur kultura [kultura]
kümmern; sich ~ um troszczyć się o [trɔʃtʃitɕ ɕɛ̃ ɔ]
Kunst sztuka [ʃtuka]
Kunsthändler sprzedawca dzieł sztuki [spʃɛdaftsa dʑɛw ʃtuci]
Kupplung sprzęgło [spʃɛ̃ɡwɔ]
Kurve zakręt [zakrɛnt]
kurz *(als Adjektiv)* krótki [krutci]; *(als Adverb)* krótko [krutkɔ]
kurzfristig *(als Adverb)* na krótko [na krutkɔ]; krótkoterminowo [krutkɔtɛrmˌinɔvɔ]
kürzlich niedawno [ɲɛdavnɔ]
Kurzschluss zwarcie [zvartɕɛ]
Küste wybrzeże [vibʒɛʒɛ]; brzeg [bʒɛk]

L

lachen śmiać się [ɕmjatɕ ɕɛ̃]
Ladegerät ładowarka [wadɔvarka]
Ladekabel kabel do zasilania [kabɛl dɔ zaɕilaɲa]

Lage położenie [pɔwɔʒɛɲɛ]
Lähmung paraliż [paraliʃ]
Lammfleisch jagnięcina [jagɲɛntɕina]
Lampe lampa [lampa]
Land kraj [kraj]
Landausflug wycieczka na ląd [vitɕɛtʃka na lɔ̃t]
Landkarte mapa [mapa]
Landstraße droga lokalna [drɔga lokalna]; szosa [ʃɔsa]
Landung lądowanie [lɔndɔvaɲɛ]
lang długi [dwuɟi]
langsam *(als Adjektiv)* powolny [pɔvɔlni]; *(als Adverb)* powoli [pɔvɔli]
langweilig nudny [nudni]
Laptop laptop [lɛptɔp]
lästig uciążliwy [utɕɔ̃ʒlivi]
laufen biegać [bjɛgatɕ]; biec [bjɛts]
laut głośny [gwɔɕni]
Lautsprecher głośnik [gwɔɕnik]
leben żyć [ʒitɕ]
Leben życie [ʒitɕɛ]
Lebensmittelgeschäft sklep spożywczy [sklɛp spɔʒiftʃi]
Lebensmittelvergiftung zatrucie pokarmowe [zatrutɕɛ pɔkarmɔvɛ]
Leber wątroba [vɔntrɔba]; wątróbka [vɔntrupka]
lebhaft żywy [ʒivi]; *(Diskussion)* ożywiony [ɔʒivjɔni]
lecker smaczny [smatʃni]
ledig stanu wolnego [stanu vɔlnɛgɔ]
leer pusty [pusti]
Leerlauf bieg jałowy [bjɛk jawɔvi]
Leerung opróżnianie (listów) [ɔpruʒɲaɲɛ (listuf)]
leicht lekki [lɛkɕi]
leider niestety [ɲɛstɛti]
leihen pożyczać/pożyczyć [pɔʒitʃatɕ/pɔʒitʃitɕ]
leise *(als Adverb)* cicho [tɕixɔ]
Leiter(in) kierowni-k(czka) [cɛrɔvɲi-k/tʃka]

lernen uczyć się/nauczyć się [utʃitɕ ɕɛ̃/nautʃitɕ ɕɛ̃]
lesen czytać [tʃitatɕ]
letzte(r, -s) ostatn-i/a/i/e [ɔstatɲ-a/i/ɛ]
Leute ludzie [ludʑɛ]
Licht światło [ɕfjatwɔ]
Lichtmaschine alternator [alternatɔr]
Lichtschalter kontakt [kɔntakt]
Lichtschutzfaktor współczynnik ochrony przeciwsłonecznej [fspuwtʃinnik ɔxrɔni pʃɛtɕifswɔnɛtʃnɛj]
lieb miły [miwi]
Liebe miłość *(f)* [miwɔɕtɕ]
lieben kochać [kɔxatɕ]
lieblich *(Wein)* słodkie [swɔtcɛ]
liegen leżeć [lɛʒɛtɕ]
lila liliowy [liljɔvi]
Linie linia [liɲa]
linke(r, -s) lew-a(y/e) [lɛv-a(i/ɛ)]
links na lewo [na lɛvɔ]
Linse soczewka [sɔtʃɛfka]
Liter litr [litr]
Loch dziura [dʑura]
Löffel łyżka [wiʃka]
Loge loża [lɔʒa]
Lorbeer liść laurowy [liɕtɕ lawrɔvi]
Luft powietrze [pɔvjɛtʃɛ]
Luftmatratze materac dmuchany [matɛrats dmuxani]
Luftpumpe pompka [pɔmpka]
Lunge płuco [pwutsɔ]
Lungenentzündung zapalenie płuc [zapalɛɲɛ pwuts]
lustig *(fröhlich)* wesoły [vɛsɔwi]; *(erheiternd)* śmieszny [ɕmjɛʃni]

M

machen robić/zrobić [rɔbitɕ/zrɔbitɕ]

Mädchen dziewczynka [dʑɛftʃinka]
Magen żołądek [ʒɔwɔndɛk]
Magenschmerzen ból żołądka [bul ʒɔwɔntka]
mager chudy [xudi]
Mai maj [maj]
malen malować/namalować [malɔvatɕ/namalɔvatɕ]
manchmal czasem [tʃasɛm]
Mandelentzündung zapalenie migdałków [zapalɛɲɛ miˌigdawkuf]
Mandeln migdały [miˌigdawi]
Mann mężczyzna [mɛ̃ʃtʃizna]; *(Ehemann)* mąż [mɔ̃ʃ]
Mannschaft drużyna [druʒina]
Mantel płaszcz [pwaʃtʃ]; *(Reifen)* chlapacz [xlapatʃ]
Markt rynek [rinɛk]; targ [tark]
Marmelade marmolada [marmɔlada]; dżem [dʒɛm]
März marzec [maʒɛts]
Maschine maszyna [maʃina]
Masuren Mazury [mazuri]
Material materiał [matɛrjaw]
Matratze materac [matɛrats]
Maut myto [mitɔ]
Medikament lekarstwo [lɛkarstfɔ]
Meer morze [mɔʒɛ]
Mehl mąka [mɔ̃ka]
mehr więcej [vjɛntsɛj]
mein mój [muj]
meinen sądzić [sɔndʑitʃ]; myśleć [miɕlɛtɕ]; *(sagen)* powiedzieć [pɔvjɛdʑɛtɕ]
meinetwegen ze względu na mnie [zɛ vzglɛndu na mɲɛ]
Meinung zdanie [zdaɲɛ]; pogląd [pɔglɔnt]; opinia [ɔpiˌina]
Memorystick karta pamięci [karta pamjɛ̃tɕi]

Mensch człowiek [tʃwɔvjɛk]
Menstruation miesiączka [mjɛɕɔntʃka]; menstruacja [mɛnstruatsja]
Menü menu *(nt)* [mɛɲi]
merken zauważyć [zauvaʒitɕ]
Messer nóż [nuʃ]
Meter metr [mɛtr]
Metzgerei sklep mięsny [sklɛp mjɛ̃sni]; rzeźnik *(umgangssprachlich)* [ʒɛʑnik]
mich *(Akkusativ von ich)* mnie [mɲɛ]; *(bei reflexiven Verben)* się [ɕɛ̃]
Miete czynsz [tʃinʃ]
mieten wynajmować/wynająć [vinajmɔvatɕ/vinajɔntɕ]
Migräne migrena [miˌigrɛna]
Mikrowelle mikrofalówka [miˌikrɔfalufka]
Milch mleko [mlɛkɔ]
mild łagodny [wagɔdni]
Millimeter milimetr [miˌiliˌimɛtr]
mindestens co najmniej [tsɔ najmɲɛj]; przynajmniej [pʃinajmɲɛj]
Mineralwasser woda mineralna [vɔda miˌinɛralna]
Minute minuta [miˌinuta]
mir mnie [mɲɛ]; *(Kurzform nach den Verben)* mi [miˌi]
Missverständnis nieporozumienie [ɲɛpɔrɔzumjɛɲɛ]
mit z (+ Instrumentalis) [z]
mitbringen *(etwas)* przynosić/przynieść [pʃinɔɕitɕ/pʃiɲɛɕtɕ]; *(jemanden)* przyprowadzać/przyprowadzić [pʃiprɔvadzatɕ/pʃiprɔvadʑitɕ]
Mitbringsel pamiątka [pamjɔntka]
mitnehmen zabierać ze sobą/zabrać ze sobą [zabjɛratɕ zɛ sɔbɔ̃/zabratɕ zɛ sɔbɔ̃]; brać/wziąć [bratɕ/vʑɔntɕ]
Mittag południe [pɔwudɲɛ]

Mittagessen obiad [ɔbjat]
mittags w południe [fˌpɔwudɲɛ]
Mitte środek [ɕrɔdɛk]
Mittel środek [ɕrɔdɛk]; *(Medizin)* lekarstwo [lɛkarstfɔ]
Mittwoch środa [ɕrɔda]
Möbel mebel [mɛbɛl]
modern nowoczesny [nɔvɔtʃɛsni]; *(modisch)* modny [mɔdni]
mögen *(gern haben)* lubić [lubˌitɕ]; *(wollen)* chcieć [xtɕɛtɕ]
möglich możliwy [mɔʒlˌivi]
Monat miesiąc [mjɛɕɔnts]
monatlich *(als Adjektiv)* miesięczny [mjɛɕɛntʃni]; *(als Adverb)* miesięcznie [mjɛɕɛntʃɲɛ]
Mond księżyc [kɕɛ̃ʒits]
Montag poniedziałek [pɔɲɛdzawɛk]
morgen früh/morgen Abend jutro rano/jutro wieczorem [jutrɔ ranɔ/jutrɔ vjɛtʃɔrɛm]
morgen jutro [jutrɔ]
Morgen poranek [pɔranɛk]; rano [ranɔ]
morgens rankiem [rancɛm]
Motor silnik [ɕilɲik]
MP3-Player MP trójki [ɛmpˌi trujki]
Mücke komar [kɔmar]
Mückenschutz ochrona przeciwkomarowa [ɔxrɔna pʃɛtɕifkɔmarɔva]
müde zmęczony [zmɛ̃tʃɔni]
Müll śmieci *(Plural)* [ɕmjɛtɕi]
Mülltrennung segregacja śmieci [sɛgrɛgatsja ɕmjɛtɕi]
Mullbinde gaza [gaza]
Mülltonne pojemnik na śmieci [pɔjɛmɲik na ɕmjɛtɕi]
Mund usta *(Plural)* [usta]
Münze moneta [mɔnɛta]
Museum muzeum *(nt)* [muzɛum]

Musik muzyka [muzika]
Muskel mięsień [mjɛɕɛɲ]; muskuł [muskuw]
Müsli musli *(nt)* [muslˌi]
Mutter matka [matka]; mama [mama]

N

nach *(in Richtung)* do [dɔ]; na [na]; *(Reihenfolge)* za [za]; *(zeitlich)* po [pɔ]; *(gemäß)* według [vɛdwuk]
Nachbar(in) sąsiad(ka) [sɔ̃ɕat/ka]
Nachmittag popołudnie [pɔpɔwudɲɛ]
nachmittags po południu [pɔ pɔwudɲu]
Nachsaison po sezonie [pɔ sɛzɔɲɛ]
nächste(r, -s) następn-a(y/e) [nastɛmpn-a(i/ɛ)]; *(nächstgelegen)* najbliższ-a(y/e) [najblˌiʃʃ-a(i/ɛ)]
nächstes Jahr w przyszłym roku [fˌpʃiʃwim rɔku]
Nacht noc *(f)* [nɔts]
Nachtisch deser [dɛsɛr]
nachts nocą [nɔtsɔ̃]
Nachttisch stolik nocny [stɔlˌik nɔtsni]
Nachttischlampe lampka nocna [lampka nɔtsna]
nackt nagi [naɟi]; goły [gɔwi]
Nadel igła [igwa]
nah blisko [blˌiskɔ]
nahe *(als Adjektiv)* niedaleki [ɲɛdalɛtɕi]; bliski [blˌisci]; *(als Adverb)* niedaleko [ɲɛdalɛkɔ]; blisko [blˌiskɔ]
nähen szyć/uszyć [ʃitɕ/uʃitɕ]
Name *(Vorname)* imię [imjɛ̃]; *(Nachname)* nazwisko [nazvˌiskɔ]; *(Benennung)* nazwa [nazva]
Narbe blizna [blˌizna]

Narkose narkoza [narkɔza]; znieczulenie [zɲetʃulɛɲɛ]
Nase nos [nɔs]
nass mokry [mɔkri]; wilgotny [vˌilgɔtni]
Nationalpark park narodowy [park narɔdɔvi]
Natur natura [natura]; przyroda [pʃirɔda]
natürlich *(als Adjektiv)* naturalny [naturalni]; *(als Adverb)* naturalnie [naturalɲɛ]
Naturschutzgebiet rezerwat przyrody [rɛzɛrvat pʃirɔdi]
neben obok [ɔbɔk]
Nebenkosten koszty dodatkowe [kɔʃti dɔdatkɔvɛ]
Nebenstraße droga boczna [drɔga bɔtʃna]
nein nie [ɲɛ]
nehmen brać/wziąć [bratɕ/vzɔntɕ]
Nerv nerw [nɛrf]
nervös nerwowy [nɛrvɔvi]
nett *(als Adjektiv)* miły [mˌiwi]; *(als Adverb)* miło [mˌiwɔ]
Netz siatka [ɕatka]
neu nowy [nɔvi]
neugierig ciekawy [tɕɛkavi]
nicht nie [ɲɛ]
Nichtraucherabteil przedział dla niepalących [pʃɛdzaw dla ɲɛpalɔntsix]
nichts nic [ɲits]
nie nigdy [ɲigdi]
niemand nikt [ɲikt]
Niere nerka [nɛrka]
Nierenstein kamica nerkowa [kamˌitsa nɛrkɔva]
niesen kichać [cixatɕ]
nirgends nigdzie [ɲigdʑɛ]
noch jeszcze [jɛʃtʃɛ]
Norden północ *(f)* [puwnɔts]
nördlich von na północ od [na puwnɔts ɔt]
normal *(als Adjektiv)* normalny [nɔrmalni]; *(als Adverb)* normalnie [nɔrmalɲɛ]

Notausgang wyjście zapasowe [vijɕtɕɛ zapasɔvɛ]
Notebook notebook [nɔtbuk]
Notrufsäule telefon pierwszej pomocy na autostradzie [tɛlɛfɔn pjɛrfʃɛj pɔmɔtsi na awtɔstradʑɛ]
notwendig konieczny [kɔɲɛtʃni]
November listopad [lˌistɔpat]
nüchtern *(nicht betrunken)* trzeźwy [tʃɛzvi]; *(mit leerem Magen)* być na czczo
Nudeln makaron [makarɔn]
Nummer numer [numɛr]
Nummernschild tablica rejestracyjna [tablˌitsa rɛjɛstratsijna]
nur tylko [tilkɔ]

O

ob czy [tʃi]
oben na górze [na guʒɛ]
Obst owoce *(Plural)* [ɔvɔtsɛ]
obwohl chociaż [xɔtɕaʃ]
oder albo [albɔ]
offen otwarty [ɔtfarti]
öffentlich publiczny [publˌitʃni]
offiziell oficjalny [ɔfˌitsjalni]
öffnen otwierać/otworzyć [ɔtfjɛratɕ/ɔtfɔʒitɕ]
Öffnungszeiten godziny otwarcia [gɔdʑini ɔtfartɕa]
oft często [tʃɛstɔ]
ohne bez [bɛs]
Ohnmacht utrata przytomności [utrata pʃitɔmnɔɕtɕi]; omdlenie [ɔmdlɛɲɛ]
Ohr ucho [uxɔ]
Ohrringe kolczyki [kɔltʃici]
Oktober październik [paʑdʑɛrɲik]
Öl olej [ɔlɛj]
Operation operacja [ɔpɛratsja]

Optiker optyk [ɔptik]
orange pomarańczowy [pɔmaraɲtʃɔvi]
Orangensaft sok pomarańczowy [sɔk pɔmaraɲtʃɔvi]
Orchester orkiestra [ɔrcɛstra]
Original oryginał [ɔriɟinaw]
Originalfassung wersja oryginalna [vɛrsja ɔriɟinalna]
Ort miejsce [mjɛjstsɛ]; *(Ortschaft)* miejscowość *(f)* [mjɛjstsɔvɔɕtɕ]
Osten wschód [fsxut]
Ostereier pisanki [pˌisaɲci]
Ostermontag Poniedziałek Wielkanocny [pɔɲɛdzawɛk vjɛlkanɔtsni]
Ostern Wielkanoc *(f)* [vjɛlkanɔts]
Österreich Austria [awstrja]
Österreicher(in) Austriak, Austriaczka [awstrjak/ awstrjatʃka]
östlich von na wschód od [na fsxut ɔt]
Ostsee Morze Bałtyckie [mɔʒɛ bawtitscɛ]; Bałtyk [bawtik]

P

paar; **ein ~** kilka [cilka]
Paar para [para]
Päckchen paczuszka [patʃuʃka]
Paket paczka [patʃka]
Panne awaria [avarja]
Pannendienst służba drogowa [swuʒba drɔgɔva]
Pannenhilfe pomoc drogowa *(f)* [pɔmɔts drɔgɔva]
Papier papier [papjɛr]
Papiere dokumenty [dɔkumɛnti]
Papiertaschentücher chusteczki higieniczne [xustɛtʃci çiɟɛɲitʃnɛ]

Parfüm perfumy *(Plural)* [pɛrfumi]
Park park [park]
parken parkować/ zaparkować [parkɔvatɕ/ zaparkɔvatɕ]
Parkett parkiet [parkjɛt]
Parkplatz parking [parciŋg]
Pass paszport [paʃpɔrt]; *(Sport)* podanie [pɔdaɲɛ]; *(im Gebirge)* wąwóz [vɔ̃vus]; przełęcz *(f)* [pʃɛwɛntʃ]
Passagier pasażer [pasaʒɛr]
Passkontrolle kontrola paszportowa [kɔntrɔla paʃpɔrtɔva]
Pause przerwa [pʃɛrva]
Person osoba [ɔsɔba]
Personalausweis dowód osobisty [dɔvut ɔsɔbˌisti]
Personalien dane osobowe [danɛ ɔsɔbɔvɛ]
persönlich *(als Adjektiv)* osobisty [ɔsɔbˌisti]; *(als Adverb)* osobiście [ɔsɔbˌiɕtɕɛ]
Pfand kaucja [kawtsja]; zastaw [zastaf]
Pfanne patelnia [patɛlɲa]
Pfeffer pieprz [pjɛpʃ]
Pfingsten Zielone Świątki [ʑɛlɔnɛ ɕfjɔntci]
Pflaster plaster [plastɛr]
Pilot(in) pilot- [pˌilɔt]
Pilz grzyb [gʒip]
Platten przebita opona [pʃɛbˌita ɔpɔna]
Platz miejsce [mjɛjstsɛ]; *(in Stadt)* plac [plats]
Plombe plomba [plɔmba]
plötzlich *(als Adjektiv)* nagły [nagwi]; *(als Adverb)* nagle [naglɛ]
Pole Polak [pɔlak]
Polen Polska [pɔlska]
Polin Polka [pɔlka]
Polizei policja [pɔlˌitsja]
polnisch polski [pɔlsci]
Polizeiwagen samochód/ radiowóz policyjny [samɔxut/radjɔvus pɔlˌitsijni]

Polizist(in) policjant(ka) [pɔlˌitsjant/ka]
Portion porcja [pɔrtsja]
Postamt poczta [pɔtʃta]
Postkarte pocztówka [pɔtʃtufka]
Postleitzahl kod pocztowy [kɔt pɔtʃtɔvi]
Preis cena [tsɛna]
privat prywatny [prɨvatni]
Problem problem [prɔblɛm]
Programm program [prɔgram]
Pullover sweter [sfɛtɛr]; pulower [pulɔvɛr]
Puls puls [puls]
pünktlich *(als Adjektiv)* punktualny [punktualni]; *(als Adverb)* punktualnie [punktualɲɛ]
putzen sprzątać/posprzątać [spʃɔntatɕ/pɔspʃɔntatɕ]

Q

Qualle meduza [mɛduza]
Quark twarożek [tfarɔʒɛk]
Quelle źródło [ʑrudwɔ]
quer durch w poprzek [f pɔpʃɛk]
Quittung kwit [kfˌit]; pokwitowanie [pɔkfˌitɔvaɲɛ]

R

Rad koło [kɔwɔ]
Radarkontrolle kontrola radarowa [kɔntrɔla radarɔva]
Radio radio [radjɔ]
Rasen trawnik [travɲik]
Rasierklingen żyletki do golenia [ʒilɛtci dɔ gɔlɛɲa]
Rastplatz parking [parciŋ]
Raststätte zajazd [zajazt]
Rathaus ratusz [ratuʃ]
rauchen dymić [dɨmˌitɕ]; *(Zigaretten)* palić [palˌitɕ]

Rechnung rachunek [raxunɛk]
rechte(r, -s) praw-a/y/e [prav-a/ɨ/ɛ]
rechts na prawo [na pravɔ]
Rechtsanwalt, anwältin adwokat(ka) [advɔkat/ka]
rechtzeitig w porę [f pɔrɛ̃]; na czas [na tʃas]
reden mówić/powiedzieć [muvˌitɕ/pɔvjɛdʑɛtɕ]; rozmawiać [rɔzmavjatɕ]
regelmäßig *(als Adjektiv)* regularny [rɛgularni]; *(als Adverb)* regularnie [rɛgularɲɛ]
Regen deszcz [dɛʃtʃ]
Region region [rɛjɔn]
reich bogaty [bɔgatɨ]
reif dojrzały [dɔjʒawɨ]
Reifen opona [ɔpɔna]
reinigen czyścić/oczyścić [tɕɕɕitɕ/ɔtɕɕɕitɕ]; sprzątać [spʃɔ̃tatɕ]
Reinigung pralnia chemiczna [pralɲa, xɛmˌitʃna]; sprzątanie [spʃɔ̃taɲɛ]
Reise podróż *(f)* [pɔdruʃ]
Reisebüro biuro podróży [bˌurɔ pɔdruʒi]
Reiseführer przewodnik [pʃɛvɔdɲik]
reisen podróżować [pɔdruʒɔvatɕ]
Reisepass paszport [paʃpɔrt]
rennen biec [bˌjɛts]
reparieren naprawiać/naprawić [napravjatɕ/napravˌitɕ]
reservieren rezerwować/zarezerwować [rɛzɛrvɔvatɕ/zarɛzɛrvɔvatɕ]
Reservierung rezerwacja [rɛzɛrvatsja]
Restaurant restauracja [rɛstawratsja]
Rettungsring koło ratunkowe [kɔwɔ ratunkɔvɛ]
Rezeption recepcja [rɛtsɛptsja]

186

richtig (als Adjektiv) prawidłowy [prav̠idwɔvi]; odpowiedni [ɔtpɔvjɛdni]; (als Adverb) prawidłowo [prav̠idwɔvɔ]; odpowiednio [ɔtpɔvjɛdnɔ]
Richtung kierunek [cjɛrunɛk]
riechen (gut) pachnieć [paxɲɛtɕ]; (übel) śmierdzieć [ɕmjɛrdʑɛtɕ]
roh surowy [surɔvi]
roher Schinken szynka wędzona [ʃinka vɛndzɔna]
rollstuhlgerecht przystosowany do wózka inwalidzkiego [pʃistɔsɔvani dɔ vuska invalidzkɛɡɔ]
röntgen prześwietlać/prześwietlić [pʃɛɕfjɛtlatɕ/pʃɛɕfjɛtlitɕ]
rosa różowy [ruʒɔvi]
Rosé wino różowe [v̠inɔ ruʒɔvɛ]
rot czerwony [tʃɛrvɔni]
Rotwein wino czerwone [v̠inɔ tʃɛrvɔnɛ]
Route trasa [trasa]; szlak [ʃlak]
Rückenschmerzen bóle pleców [bulɛ plɛtsuf]
Rückfahrkarte bilet powrotny [b̠ilɛt pɔvrɔtni]
Rückfahrt powrót [pɔvrut]; podróż powrotna [pɔdruʃ pɔvrɔtna]
Rucksack plecak [plɛtsak]
rückwärts (als Adverb) wstecz [fstɛtʃ]; z powrotem [s̠ pɔvrɔtɛm]; do tyłu [dɔ tiwu]
Ruhe (Stille) cisza [tɕiʃa]; (Erholung) odpoczynek [ɔtpɔtʃinɛk]
ruhig spokojny [spɔkɔjni]; cichy [tɕixi]
rund (als Adjektiv) okrągły [ɔkrɔ̃ɡwi]; (als Adverb) około [ɔkɔwɔ]
Rundfahrt wycieczka [vitɕɛtʃka]

S

Sache rzecz (f) [ʒɛtʃ]; (Angelegenheit) sprawa [sprava]; (Frage, Thema) problem [prɔblɛm]
Safe sejf [sɛjf]
saftig soczysty [sɔtʃisti]
sagen mówić/powiedzieć [muv̠itɕ/pɔvjɛdʑɛtɕ]
Saison sezon [sɛzɔn]
Salbe maść (f) [maɕtɕ]
Salmonellen salmonelle [salmɔnɛllɛ]
Salz sól (f) [sul]
sammeln zbierać [zbjɛratɕ]
Samstag sobota [sɔbɔta]
Sandalen sandały [sandawi]
Sänger(in) piosenka-rz(rka) [pjɔsɛnka-ʃ/rka]
satt najedzony [najɛdzɔni]; syty [siti]
Satz zdanie [zdaɲɛ]
sauber (als Adjektiv) czysty [tʃisti]; (als Adverb) czysto [tʃistɔ]
sauer kwaśny [kvaɕni]
Sauger smoczek [smɔtʃɛk]
saure Sahne kwaśna śmietana [kfaɕna ɕmjɛtana]
S-Bahn kolejka miejska [kɔlɛjka mjɛjska]
schade! szkoda! [ʃkɔda]
Schaden szkoda [ʃkɔda]; uszkodzenie [uʃkɔdzɛɲɛ]
scharf ostry [ɔstri]
schauen patrzeć [patʃɛtɕ]
Scheibe (Wurst) plasterek [plastɛrɛk]; (Brot) kromka [krɔmka]; (Fenster) szyba [ʃiba]
schenken podarować [pɔdarɔvatɕ]; dać (umgangssprachlich) [datɕ]
Schere nożyce (Plural) [nɔʒitsɛ]; nożyczki [nɔʒitʃki]
schicken posyłać/posłać [pɔsiwatɕ/pɔswatɕ]
Schinken szynka [ʃinka]
Schirm parasol [parasɔl]

schlafen spać [spatɕ]
Schlafsack śpiwór [ɕpivur]
Schlaftabletten tabletki nasenne [tabletci nasɛnnɛ]
Schlafzimmer sypialnia [sɨpjalɲa]
Schlaganfall udar mózgu [udar muzgu]
Schlange *(Tier)* wąż [vɔ̃ʃ]; *(Warteschlange)* kolejka [kɔlɛjka]
schlecht *(als Adjektiv)* zły [zwɨ]; *(als Adverb)* źle [zlɛ]; niedobrze [ɲɛdɔbʒɛ]
Schlesien Śląsk [ɕlɔnsk]
Schließfach skrytka na bagaż [skritka na bagaʃ]
Schlüssel klucz [klutʃ]
schmal wąski [vɔ̃sci]
schmecken smakować [smakɔvatɕ]
Schmerzen bóle [bulɛ]
schmerzen boleć [bɔlɛtɕ]; sprawiać ból [spravjatɕ bul]
Schmerztabletten tabletki przeciwbólowe [tabletci pʃɛtɕivbulɔvɛ]
Schmuggel przemyt [pʃɛmɨt]; szmugiel [ʃmuɟɛl]
schmutzig *(als Adjektiv)* brudny [brudnɨ]; *(als Adverb)* brudno [brudnɔ]
Schnee śnieg [ɕɲɛk]
Schneidebrett deska do krojenia [dɛska dɔ krɔjɛɲa]
schnell *(als Adjektiv)* szybki [ʃɨpci]; *(als Adverb)* szybko [ʃɨpkɔ]
Schnellstraße trasa szybkiego ruchu [trasa ʃɨpcɛgɔ ruxu]
Schnittlauch szczypiorek [ʃtʃɨpjɔrɛk]
Schnittwunde rana cięta [rana tɕɛnta]
Schnuller smoczek [smɔtʃɛk]
Schnupfen katar [katar]

Schnürsenkel sznurówka [ʃnurufka]
Schokolade czekolada [tʃɛkɔlada]
schon już [juʃ]
schön *(als Adjektiv)* ładny [wadnɨ]; piękny [pjɛŋknɨ]; *(als Adverb)* ładnie [wadɲɛ]; pięknie [pjɛŋkɲɛ]
Schonkost dieta [djɛta]
Schrank szafa [ʃafa]
Schraube śruba [ɕruba]
schrecklich straszny [straʃnɨ]; okropny [ɔkrɔpnɨ]
schreiben pisać/napisać [p,isatɕ/nap,isatɕ]
schreien krzyczeć/krzyknąć [kʃɨtʃɛtɕ/kʃɨknɔntɕ]
Schrift pismo [p,ismɔ]
schriftlich pisemny [p,isɛmnɨ]
Schuh but [but]
Schuhgeschäft sklep obuwniczy [sklɛp ɔbuvɲitʃɨ]
Schuld wina [v,ina]; *(Finanzen)* dług [dwuk]
Schule szkoła [ʃkɔwa]
Schüssel miska [m,iska]
schwach słaby [swabɨ]
Schwager, **Schwägerin** szwagier(ka) [ʃfaɟɛr/ka]
Schwangerschaft ciąża [tɕɔ̃ʒa]
schwarz czarny [tʃarnɨ]
Schwarzbrot chleb razowy [xlɛp razɔvɨ]
Schweinefleisch wieprzowina [vjɛpʃɔv,ina]
Schweiz Szwajcaria [ʃfajtsarja]
Schweizer Franken frank szwajcarski [fraŋk ʃfajtsarsci]
Schweizer(in) Szwajcar(ka) [ʃfajtsar/ka]
schwer ciężki [tɕɛ̃ʃci]; *(schwierig)* trudny [trudnɨ]
Schwerbehinderte/r ciężko upośledzon-a(y) [tɕɛ̃ʃkɔ upɔɕlɛdzɔn-a/ɨ]

Schwester siostra [ɕɔstra]
schwierig trudny [trudni]
schwimmen pływać [pwivatɕ]
Schwimmring koło ratunkowe [kɔwɔ ratunkɔvɛ]
Schwimmweste kamizelka ratunkowa [kamˌizɛlka ratunkɔva]
Schwindel zawrót głowy [zavrut gwɔvi]
schwitzen pocić się [pɔtɕitɕ ɕɛ̃]
schwül parno [parnɔ]; duszno [duʃnɔ]
See *(Binnengewässer)* jezioro [jɛzɔrɔ]; *(Meer)* morze [mɔʒɛ]
seekrank sein mieć chorobę morską [mˌɛtɕ xɔrɔbɛ̃ mɔrskɔ̃]
Segelboot żaglówka [ʒaglufka]
Segelfliegen latać szybowcem [latatɕ ʃibɔftsɛm]
segeln żeglować [ʒɛglɔvatɕ]
Sehbehinderte/r niewidom-a(y) [nɛvˌidɔm-a/i]
sehen widzieć/zobaczyć [vˌidzɛtɕ/zɔbatʃitɕ]
Sehenswürdigkeiten zabytki [zabitki]; osobliwości [ɔsɔblˌivɔɕtɕi]
sehr bardzo [bardzɔ]
Seife mydło [midwɔ]
Seil lina [Lina]
sein być [bitɕ]
seit od [ɔt]
Sekunde sekunda [sɛkunda]
selbst sam [sam]; samodzielnie [samɔdzɛlnɛ]
selten *(als Adjektiv)* rzadki [ʒatci]; *(als Adverb)* rzadko [ʒatkɔ]
Serviette serwetka [sɛrvɛtka]
sexuelle Belästigung molestowanie seksualne [mɔlɛstɔvaɲɛ sɛksualnɛ]
Shampoo szampon [ʃampɔn]

sicher *(als Adjektiv)* bezpieczny [bɛspjɛtʃni]; *(gewiss, zuverlässig)* pewny [pɛvni]; *(als Adverb)* bezpiecznie [bɛspjɛtʃɲɛ]; na pewno [na pɛvnɔ]
Sicherheitsgurt pas bezpieczeństwa [pas bɛspjɛtʃɛɲstfa]
Sicherheitskontrolle kontrola bezpieczeństwa [kɔntrɔla bɛspjɛtʃɛɲstfa]
Sicherheitsnadel agrafka [agrafka]
sie *(3. Person Singular)* ona [ɔna]; *(3. Person Plural)* oni/one [ɔɲi/ɔnɛ]
Sie *(Herr)* pan [pan]; *(Frau)* pani [paɲi]; *(Herrschaften)* państwo [paɲstfɔ]
Silber srebro [srɛbrɔ]
silberfarben srebrzysty [srɛbʒisti]
singen śpiewać/zaśpiewać [ɕpjɛvatɕ/zaɕpjɛvatɕ]
Sitz *(Platz, Sitzfläche)* miejsce [mjɛjstsɛ]; siedzenie [ɕɛdzɛɲɛ]; *(Ort)* siedziba [ɕɛdziba]
sitzen siedzieć [ɕɛdzɛtɕ]
Ski narty *(Plural)* [narti]
Skibrille gogle *(Plural)* [gɔglɛ]; okulary *(Plural)* narciarskie [ɔkulari nartɕarscɛ]
Skihose spodnie narciarskie *(Plural)* [spɔdɲɛ nartɕarscɛ]
Slip slipy *(Plural)* [slˌipi]
Smartphone smartfon [smartfɔn]
Socken skarpety [skarpɛti]
sofort natychmiast [natixmjast]
Sohle zelówka [zɛlufka]
Sohn syn [sin]
sollen powinien *(m)* powinna *(f)* powinno *(nt)* [pɔvˌiɲɛn/pɔvˌinna/pɔvˌinnɔ]
Sommer lato [latɔ]
Sonne słońce [swɔɲtsɛ]

Sonnenbrand oparzenie słoneczne [ɔpaʒɛɲɛ swɔnɛtʃnɛ]

Sonnencreme krem do opalania [krɛm dɔ ɔpalaɲa]

Sonnenhut kapelusz słoneczny [kapɛluʃ swɔnɛtʃni]

Sonnenöl olejek do opalania [ɔlɛjɛk dɔ ɔpalaɲa]

Sonnenschutz ochrona przeciwsłoneczna [ɔxrɔna pʃɛtɕifswɔnɛtʃna]

Sonnenstich porażenie słoneczne [pɔraʒɛɲɛ swɔnɛtʃnɛ]; udar słoneczny [udar swɔnɛtʃni]

sonnig słoneczny [swɔnɛtʃni]

Sonntag niedziela [ɲɛdʑɛla]

Soße sos [sɔs]

Souvenirladen sklep z pamiątkami [sklɛp s pamjɔntkamʲi]

spät późno [puʑnɔ]

später później [puʑɲɛj]

Speicherkarte karta pamięci [karta pamjɛ̃tɕi]

Speisekarte jadłospis [jadwɔspʲis]; menu [mɛɲi]

Speiseröhre przełyk [pʃɛwik]

Speisesaal jadalnia [jadalɲa]

Spezialität specjalność (f) [spɛtsjalnɔɕtɕ]

speziell (als Adjektiv) specjalny [spɛtsjalni]; szczególny [ʃtʃɛgulni]; (als Adverb) specjalnie [spɛtsjalɲɛ]

Spiegel lustro [lustrɔ]

Spielplan repertuar [rɛpɛrtuar]

Spielwarengeschäft sklep z zabawkami [sklɛp z zabafkamʲi]

Spirituosengeschäft sklep monopolowy [sklɛp mɔnɔpɔlɔvi]

Sportartikel artykuły sportowe [artikuwi spɔrtɔvɛ]

Sprache język [jɛ̃zik]; (das Sprechen) mowa [mɔva]

sprechen mówić/powiedzieć [muvʲitɕ/pɔvʲɛdʑɛtɕ]; (Worte wechseln) rozmawiać/porozmawiać [rɔzmavʲjatɕ/pɔrɔzmavʲjatɕ]

Spritze zastrzyk [zastʃik]

Spucktüte torebka chorobowa [tɔrɛpka xɔrɔbɔva]

Spülmittel płyn do mycia naczyń [pwin dɔ mitɕa natʃiɲ]

Spültuch ściereczka [ɕtɕɛrɛtʃka]

Staatsangehörigkeit obywatelstwo [ɔbivatɛlstvɔ]

Stadtbus autobus miejski [awtɔbus mʲɛjsci]

Stadtplan plan miasta [plan mʲasta]

stammen (aus) pochodzić z [pɔxɔdʑitɕ z]

Starthilfekabel kabel pomocniczy do rozruchu [kabɛl pɔmɔtsnitʃi dɔ rɔzruxu]

Station (im Krankenhaus) oddział [ɔddʑaw]; (Haltestelle) przystanek [pʃistanɛk]

Stativ statyw [statif]

Stau korek [kɔrɛk]

Staubsauger odkurzacz [ɔtkuʒatʃ]

stechen (mit Nadel) kłuć/ukłuć [kwutɕ/ukwutɕ]; (Mücke) kąsić/ukąsić [kɔ̃ɕitɕ/ukɔ̃ɕitɕ]; (Wespe) żądlić/użądlić [ʒɔ̃dlʲitɕ/uʒɔ̃dlʲitɕ]; (Sonne) przypiekać/przypiec [pʃipʲjɛkatɕ/pʃipʲjɛts]

Steckdose gniazdko wtykowe [gɲastkɔ ftikɔvɛ]

Stecker wtyczka [ftitʃka]

stehen stać [statɛ]; *(sich befinden)* znajdować się [znajdɔvatɛ ɕɛ]
Sternwarte obserwatorium astronomiczne [ɔpsɛrvatɔrjum astrɔnɔmitʃnɛ]
Stiefel kozaki [kɔzaci]
stinken śmierdzieć [ɕmjɛrdʑɛtɛ]
stornieren anulować [anulɔvatɛ]
Stoßstange zderzak [zdɛʒak]
Straße ulica [ulitsa]; *(Landstraße)* droga [drɔga]
Straßenbahn tramwaj [tramvaj]
Straßenkarte mapa drogowa [mapa drɔgɔva]
Streichholz zapałka [zapawka]
Strickjacke sweter rozpinany (zrobiony na drutach) [sfɛtɛr rɔspinani (zrɔbjɔni na drutax)]
Strohhalm *(Trinkhalm)* słomka [swɔmka]; *(Getreidehalm)* źdźbło [ʑdʑbwo]
Strom *(Fluss)* rzeka [ʒɛka]; *(Elektrizität)* prąd [prɔnt]
Strompauschale ryczałt za prąd [ritʃawt za prɔnt]
Strumpfhose rajstopy *(Plural)* [rajstɔpi]
studieren studiować [studjɔvatɛ]
Stuhl krzesło [kʃɛswo]
Stuhlgang stolec [stɔlɛts]
stumm niemy [ɲɛmi]
Stunde godzina [gɔdʑina]
stündlich co godzinę [tsɔ gɔdʑinɛ̃]
suchen szukać/poszukać [ʃukatɛ/pɔʃukatɛ]
Süden południe [pɔwudɲɛ]
südlich von na południe od [na pɔwudɲɛ ɔt]
Supermarkt supermarket [supɛrmarkɛt]
Suppe zupa [zupa]
süß słodki [swɔtci]
Süßigkeiten słodycze [swɔditʃɛ]
Süßstoff słodzik [swɔdʑik]
Süßwarengeschäft sklep ze słodyczami [sklɛp zɛ swɔditʃami]
Swimmingpool basen [basɛn]

Tabak tytoń [titɔɲ]
Tabakladen kiosk z papierosami [kjɔsk s papjɛrɔsami]
Tablet-PC tablet [tablɛt]
Tablette tabletka [tablɛtka]; pigułka [piguwka]
Tachometer szybkościomierz [ʃipkɔɕtɕɔmjɛʃ]
Tag dzień [dʑɛɲ]
Tagesausflug wycieczka jednodniowa [vitɕɛtʃka jɛdnɔdɲɔva]
Tagesgericht potrawa dnia [pɔtrava dɲa]
täglich codziennie [tsɔdʑɛɲɲɛ]
tagsüber w ciągu dnia [f tɕɔŋgu dɲa]
Tal dolina [dɔlina]
Tank bak [bak]
tanken tankować/zatankować [tankɔvatɕ/zatankɔvatɕ]
tanzen tańczyć/zatańczyć [taɲtʃitɕ/zataɲtʃitɕ]
Tasche torba [tɔrba]
Taschendieb złodziej kieszonkowy [zwɔdʑɛj cɛʃɔnkɔvi]
Taschenmesser scyzoryk [stsizɔrik]
Tasse filiżanka [filiʒanka]
Taxifahrer(in) taksówkarz(-) [taksufkaʃ]
Taxistand postój taksówek [pɔstuj taksuvɛk]
Tee herbata [xɛrbata]

Teebeutel torebka herbaty ekspresowej [tɔrɛpka xɛrbati ɛkspresɔvɛj]
Teelöffel łyżeczka do herbaty [wiʒɛt͡ʃka dɔ xɛrbati]
Teil część *(f)* [t͡ʃẽɕt͡ɕ]; składnik [skwadɲik]; element [ɛlɛmɛnt]
Teilkasko kasko z wkładem własnym [kaskɔ s fkwadɛm vwasnim]
teilnehmen (an) brać udział/wziąć udział w [brat͡ɕ ud͡ʑaw/vʑɔ̃t͡ɕ ud͡ʑaw v]
Telefon telefon [tɛlɛfɔn]
telefonieren telefonować/zatelefonować [tɛlɛfɔnɔvat͡ɕ/zatɛlɛfɔnɔvat͡ɕ]; dzwonić/zadzwonić [d͡zvɔɲit͡ɕ/zad͡zvɔɲit͡ɕ]
Telefonkarte karta telefoniczna [karta tɛlɛfɔɲit͡ʃna]
Telefonnummer numer telefonu [numɛr tɛlɛfɔnu]
Telefonzelle budka telefoniczna [butka tɛlɛfɔɲit͡ʃna]
Teller talerz [talɛʃ]
Terminal terminal [tɛrminal]
teuer *(als Adjektiv)* drogi [drɔɟi]; *(als Adverb)* drogo [drɔɡɔ]
Thermosflasche termos [tɛrmɔs]
Thriller thriller [trilɛr]
Thymian tymianek [timjanɛk]
tief głęboki [ɡwɛmbɔt͡ɕi]; *(niedrig)* niski [ɲiɕt͡ɕi]
Tier zwierzę [zvjɛʒẽ]
Tisch stół [stuw]
Toast *(Brot)* tost [tɔst]; grzanka [ɡʒaŋka]; *(Trinkspruch)* toast [tɔast]
Toaster toster [tɔstɛr]
Tochter córka [t͡surka]
Toilette toaleta [tɔalɛta]
Toilettenpapier papier toaletowy [papjɛr tɔalɛtɔvi]

tragen nosić [nɔɕit͡ɕ]
trampen podróżować autostopem [pɔdruʒɔvat͡ɕ awtɔstɔpɛm]
Tramper autostopowicz [awtɔstɔpɔvit͡ʃ]
traurig smutny [smutni]
treffen trafiać/trafić [trafjat͡ɕ/trafit͡ɕ]; *(begegnen)* spotykać/spotkać [spɔtikat͡ɕ/spɔtkat͡ɕ]
trinken pić [pit͡ɕ]
Trinkflasche butelka do picia [butɛlka dɔ pit͡ɕa]
Trinkgeld napiwek [napivɛk]
Trinkwasser woda pitna [vɔda pitna]
trocken suchy [suxi]; *(Wein)* wytrawne [vitravnɛ]
trocknen *(transitiv)* suszyć/wysuszyć [suʃit͡ɕ/visuʃit͡ɕ]; *(intransitiv)* schnąć/wyschnąć [sxnɔŋt͡ɕ/visxnɔŋt͡ɕ]
Trödler handlarz starzyzną [xandlaʃ staʒiznɔ̃]
Tschüss serwus/cześć [sɛrvus/t͡ʃɛɕt͡ɕ]
trotzdem mimo to [mimɔ tɔ]; pomimo to [pɔmimɔ tɔ]
T-Shirt koszulka [kɔʃulka]
tun robić/zrobić [rɔbit͡ɕ/zrɔbit͡ɕ]
Türcode kod otwierający drzwi [kɔt ɔtfjɛrajɔ̃tsi d͡ʒvi]
türkis turkusowy [turkusɔvi]
Turnschuhe obuwie gimnastyczne [ɔbuvjɛ ɟimnastit͡ʃnɛ]; tenisówki [tɛɲisuft͡ɕi]
typisch typowy [tipɔvi]

U

U-Bahn metro [mɛtrɔ]
Übelkeit mdłości *(Plural)* [mdwɔɕt͡ɕi]

üben ćwiczyć [tɕfˌitʂitɕ]
über *(räumlich)* nad [nat]; ponad [pɔnat]; *(quer über, Route)* przez [pʂɛs]
überall wszędzie [fʂɛndʑɛ]
Überfall napad [napat]
Übergepäck nadbagaż [natbagaʂ]
Überlandbus autobus dalekobieżny [awtɔbus dalɛkɔbjɛʐni]
übermorgen pojutrze [pojutʂɛ]
Übernachtung nocleg [nɔtslɛg]
übersetzen tłumaczyć/ przetłumaczyć [twumatʂitɕ/ pʂɛtwumatʂitɕ]
Uhrmacher zegarmistrz [zɛgarmˌiʂtʂ]
um *(räumlich)* dookoła [dɔɔkɔwa]; *(zeitlich)* o [ɔ]
umbuchen zmienić rezerwację [zmjɛnitɕ rɛzɛrvatsjɛ̃]
Umhängetasche torebka na ramię [tɔrɛpka na ramjɛ̃]
umkehren zawracać/ zawrócić [zavratsatɕ/ zavrutɕitɕ]
Umleitung objazd [ɔbjast]
umtauschen wymieniać/ wymienić [vimjɛɲatɕ/ vimjɛɲitɕ]
umziehen; sich ~ przebierać się/przebrać się [pʂɛbjɛratɕ ɕɛ̃/ pʂɛbratɕ ɕɛ̃]
unbedingt *(als Adverb)* koniecznie [kɔɲɛtʂɲɛ]
und i [i]; a [a]
unerträglich nieznośny [ɲɛznɔɕni]
Unfall wypadek [vipadɛk]
ungefähr około [ɔkɔwɔ]
ungewöhnlich niezwykły [ɲɛzvikwi]
unglaublich *(als Adjektiv)* niewiarygodny [ɲɛvjarigɔdni]; *(als Adverb)* nie do wiary [ɲɛ dɔ vjari]

Unglück nieszczęście [ɲɛʂtʂɛ̃ɕtɕɛ]
uns *(Dativ von wir)* nam [nam]; *(Akkusativ von wir)* nas [nas]; *(bei reflexiven Verben)* się [ɕɛ̃]
unser(e) nasz *(m)* [naʂ]; nasze *(nt)* [naʂɛ]; nasza *(f)* [naʂa]; nasze *(Plural)* [naʂɛ]
unten w dole [v dɔlɛ]; na dole [na dɔlɛ]
unter pod [pɔt]; *(zwischen)* między [mjɛndʑi]
unterhalten; sich ~ *(sprechen)* rozmawiać/ porozmawiać [rɔzmavjatɕ/ pɔrɔzmavjatɕ] *(sich vergnügen)* bawić się [bavˌitɕ ɕɛ̃]
Unterhaltung *(Gespräch)* rozmowa [rɔzmɔva]; *(Vergnügen)* zabawa [zabava]
Unterkunft kwatera [kfatɛra]; zakwaterowanie [zakfatɛrɔvaɲɛ]
Unterleib podbrzusze [pɔdbʐuʂɛ]
unterschreiben podpisywać/ podpisać [pɔtpˌisivatɕ/ pɔtpˌisatɕ]
Unterschrift podpis [pɔtpˌis]
Untersuchung badanie [badaɲɛ]
Unterwäsche bielizna [bjɛlˌizna]
Unterwasserkamera aparat do zdjęć podwodnych [aparat dɔ zdjɛ̃tɕ pɔdvɔdnix]
unterwegs w drodze [v drɔdʑɛ]; po drodze [pɔ drɔdʑɛ]
unwichtig nieważny [ɲɛvaʐni]
Urin mocz [mɔtʂ]
Urlaub urlop [urlɔp]
USB-Stick pendrive [pɛndrajf]

Varietee variétés *(nt)* [varjete]
Vater ojciec [ɔjtɕɛts]; tato [tatɔ]
vegetarisch wegeteriańskie [vegtarjaŋsce]
Ventilator wentylator [vɛntilatɔr]
Verband opatrunek [ɔpatrunɛk]; bandaż [bandaʃ]
Verbandskasten podręczna apteczka [pɔdrɛntʃna aptɛtʃka]
verbinden opatrzeć [ɔpatʂɛtɕ]; zabandażować [zabandaʒɔvatɕ]; *(verknüpfen)* łączyć/połączyć [wɔntʃitɕ/pɔwɔntʃitɕ]
verboten zakazane [zakazanɛ]; wzbronione [vzbrɔɲɔnɛ]
Verbrechen przestępstwo [pʃɛstɛmpstfɔ]
Verbrennung oparzenie [ɔpaʒɛɲɛ]
Verdauung trawienie [traviɛɲɛ]
vergessen zapominać/zapomnieć [zapɔm̩inatɕ/zapɔmɲɛtɕ]
Vergewaltigung gwałt [gvawt]
Vergiftung zatrucie [zatrutɕɛ]
verhaften aresztować [arɛʂtɔvatɕ]
verheiratet *(Mann)* żonaty [ʐɔnati]; *(Frau)* zamężna [zamɛ̃ʐna]
Verlängerungsschnur przedłużacz [pʃɛdwuʒatʃ]
Verlängerungswoche przedłużenie o tydzień [pʃɛdwuʒɛɲɛ ɔ tidʑɛɲ]
Verletzung skaleczenie [skalɛtʃɛɲɛ]
verlieren gubić/zgubić [gub̩itɕ/zgub̩itɕ]; tracić/stracić [tratɕitɕ/stratɕitɕ]; *(nicht gewinnen)* przegrywać/przegrać [pʃɛgrivatɕ/pʃɛgratɕ]
vermieten wynajmować/wynająć [vinajmɔvatɕ/vinajɔntɕ]; *(Auto etc.)* wypożyczać/wypożyczyć [vipɔʒitʃatɕ/vipɔʒitʃitɕ]
verschieben przesuwać/przesunąć [pʃɛsuvatɕ/pʃɛsunɔntɕ]; przekładać/przełożyć [pʃɛkwadatɕ/pʃɛwɔʒitɕ]
verschreiben zapisywać/zapisać [zap̩isivatɕ/zap̩isatɕ]
Verspätung spóźnienie [spuʑɲɛɲɛ]
verstehen rozumieć/zrozumieć [rɔzumjɛtɕ/zrɔzumjɛtɕ]
Verstopfung zatwardzenie [zatfardzɛɲɛ]
verwitwet wdowiec/wdowa [vdɔvjɛts/vdɔva]
viel dużo [duʒɔ]
vielleicht może [mɔʒɛ]
violett fioletowy [fɔlɛtɔvi]
Virus wirus [v̩irus]
Visum wiza [v̩iza]
Volksmusik muzyka ludowa [muzika ludɔva]
voll pełny [pɛwni]
Vollkasko autokasko [awtɔkaskɔ]
Vollkornbrot chleb pełnoziarnisty [xlɛp pɛwnɔʑarɲisti]
Vollpension całodzienne wyżywienie [tsawɔdʑɛnnɛ viʒiv̩jɛɲɛ]
von *(zeitlich; von jemandem)* od [ɔt]; *(räumlich)* z [z]
vor przed [pʃɛt]
vorbereiten przygotowywać/przygotować [pʃigɔtɔvivatɕ/pʃigɔtɔvatɕ]
vorgestern przedwczoraj [pʃɛtftʃɔraj]
vorher przedtem [pʃɛttɛm]

vorletzte(r, -s) przedostatnia; przedostatni; przedostatnie [pʃɛdɔstatɲa, pʃɛdɔstatɲi, pʃɛdɔstatɲɛ]
Vormittag przedpołudnie [pʃɛtpɔwudɲɛ]
vormittags przed południem [pʃɛt pɔwudɲɛm]
vorn na przodzie [na pʃɔdʑɛ]; z przodu [s_pʃɔdu]
Vorname imię [imjẽ]
Vorsaison przed sezonem [pʃɛt sɛzɔnɛm]
Vorsicht! uwaga! [uvaga]
vorsichtig (als Adverb) ostrożnie [ɔstrɔʒɲɛ]
Vorspeise przystawka [pʃɨstafka]
Vorstellung (Bekanntmachen) prezentacja [prɛzɛntatsja]; (im Theater) przedstawienie [pʃɛtstavjɛɲɛ]; (Gedanke) wyobrażenie [vɨɔbraʒɛɲɛ]
Vorteil korzyść (f) [kɔʑɨɕtɕ]
Vorwahlnummer numer kierunkowy [numɛr cɛrunkɔvɨ]
vorwärts naprzód [napʃut]

W

wach obudzony [ɔbudzɔnɨ]; czujny [tʃujnɨ]
Wagenheber lewarek do samochodu [lɛvarɛk dɔ samɔxɔdu]
Wagennummer numer wagonu [numɛr vagɔnu]
wählen wybierać/wybrać [vɨbjɛratɕ/vɨbratɕ]
während podczas [pɔttʃas]
wahrscheinlich (als Adjektiv) prawdopodobny [pravdɔpɔdɔbnɨ]; (als Adverb) prawdopodobnie [pravdɔpɔdɔbɲɛ]
Währung waluta [valuta]

Wallfahrtsort miejsce pielgrzymkowe [mjɛjstsɛ pjɛlgʒɨmkɔvɛ]
wandern wędrować/powędrować [vɛndrɔvatɕ/pɔvɛndrɔvatɕ]
Wander-/Trekkingschuh buty do wędrówki/buty trekingowe [butɨ dɔ vɛndrufki/butɨ trɛcingɔvɛ]
warm (als Adjektiv) ciepły [tɕɛpwɨ]; (als Adverb) ciepło [tɕɛpwɔ]
warmes Wasser ciepła woda [tɕɛpwa vɔda]
Warnblinkanlage światła awaryjne (Plural) [ɕfjatwa avarɨjnɛ]
Warndreieck trójkąt ostrzegawczy [trujkɔnt ɔstʃɛgaftʃi]
warten czekać/poczekać [tʃɛkatɕ/pɔtʃɛkatɕ]
Wartezimmer poczekalnia [pɔtʃɛkalɲa]
warum/weshalb dlaczego [dlatʃɛgɔ]
was co [tsɔ]
Waschbecken umywalka [umɨvalka]
Wäscheklammern spinacze do bielizny [spinatʃɛ dɔ bjɛliznɨ]
Wäschetrockner suszarka do bielizny [suʃarka dɔ bjɛliznɨ]
Waschlappen myjka [mɨjka]
Waschmaschine pralka [pralka]
Waschmittel środek do prania [ɕrɔdɛk dɔ praɲa]
Waschraum umywalnia [umɨvalɲa]
Waschsalon salon pralniczy [salɔn pralɲitʃi]
Wasser woda [vɔda]
wasserdicht wodoodporne [vɔdɔɔdpɔrnɛ]
Wasserfall wodospad [vɔdɔspat]
Wasserhahn kran [kran]

Wasserkanister kanister na wodę [kaɲister na vɔdɛ̃]
Wasserkocher czajnik elektryczny [tʃajnik ɛlɛktritʃni]
Wasserspülung spłuczka [spwutʃka]
Wasserverbrauch zużycie wody [zuʑitɕɛ vɔdi]
Wattestäbchen waciki do uszu [vatɕici dɔ uʃu]
Wechselkurs kurs wymiany [kurs vimjani]
weg precz [prɛtʃ]
wegen z powodu [s‿pɔvɔdu]
weggehen iść/pójść [iɕtɕ/pujtɕ]
Wegweiser drogowskaz [drɔgɔfskas]
wehtun boleć [bɔlɛtɕ]
weich miękki [mjɛ̃kci]
Weihnachten Boże Narodzenie [bɔʒɛ narɔdzɛɲɛ]
weil ponieważ [pɔɲevaʃ]; bo [bɔ]
Wein wino [vʲinɔ]
weinen płakać [pwakatɕ]
Weisheitszahn ząb mądrości [zɔmp mɔ̃drɔɕtɕi]
weiß biały [bjawi]
Weißbrot chleb pszenny [xlɛp pʃɛnni]
Weißwein wino białe [vʲinɔ bjawɛ]
weit (Weg ...) daleko [dalɛkɔ]; (Gegenteil von eng) luźny [luʑni]
wem komu [kɔmu]
wen kogo [kɔgɔ]
wer kto [ktɔ]
wenn jeżeli [jɛʒɛlʲi]; jeśli [jɛɕlʲi]; gdy [gdi]
werden stać się [statɕ ɕɛ̃]; zostać [zɔstatɕ]
Werkstatt warsztat naprawczy [varʃtat napraftʃi]
Werktag dzień roboczy [dʑɛɲ rɔbɔtʃi]
Werkzeug narzędzia (Plural) [naʒɛndza]

wertlos bezwartościowy [bɛzvartɔɕtɕɔvi]
Wertsachen rzeczy wartościowe [ʒɛtʃi vartɔɕtɕɔvɛ]
Wespe osa [ɔsa]
westlich von na zachód od [na zaxut ɔt]
wichtig ważny [vaʒni]
wie jak [jak]
wieder znowu [znɔvu]; znów [znuf]
wiederholen powtarzać/powtórzyć [pɔftaʒatɕ/pɔftuʒitɕ]
wiederkommen wracać/wrócić [vratsatɕ/vrutɕitɕ]
Windeln pieluchy [pjɛluxi]
Windschutzscheibe przednia szyba w aucie [pʃɛdɲa ʃiba v awtɕɛ]
Winter zima [ʑima]
Winterreifen opona zimowa [ɔpɔna ʑimɔva]
wir my [mi]
wirklich (als Adverb) naprawdę [napravdɛ̃]; rzeczywiście [ʒɛtʃiviɕtɕɛ]
wissen wiedzieć [vʲedʑetɕ]
Witz żart [ʒart]; dowcip [dɔftɕip]; kawał (umgangssprachlich) [kavaw]
WLAN Wi-Fi [vi fi]
wo gdzie [gdʑɛ]
Wochenendpauschale ryczałt weekendowy [ritʃawt vʲikɛndɔvi]
wohnen mieszkać [mjɛʃkatɕ]
Wohnmobil samochód kempingowy [samɔxut kɛmpʲingɔvi]
Wohnort miejsce zamieszkania [mjɛjstsɛ zamjɛʃkaɲa]
Wohnung mieszkanie [mjɛʃkaɲɛ]
Wohnwagen przyczepa kempingowa [pʃitʃɛpa kɛmpʲingɔva]
Wohnzimmer pokój stołowy [pɔkuj stɔwɔvi]

Wunde rana [rana]
Wurst wędlina [vɛndlina]; kiełbasa [cɛwbasa]
Würstchen kiełbaski *(Plural)* [cɛwbasci]
würzen przyprawić [pʃipravitɕ]
wütend wściekły [fɕtɕɛkwi]

Y

Yoga joga [jɔga]

Z

Zahl liczba [litʃba]
zählen liczyć/policzyć [litʃitɕ/pɔlitʃitɕ]
zahlen płacić/zapłacić [pwatɕitɕ/zapwatɕitɕ]
Zahlung opłata [ɔpwata]; płatność *(f)* [pwatnɔɕtɕ]
Zahn ząb [zɔmp]
Zahnbürste szczoteczka do zębów [ʃtʃɔtɛtʃka dɔ zɛmbuf]
Zahnfleisch dziąsło [dʑɔ̃swɔ]
Zahnpasta pasta do zębów [pasta dɔ zɛmbuf]
Zahnschmerzen bóle zęba [bule zɛmba]
Zahnstocher wykałaczka [vikawatʃka]
zart delikatny [dɛlikatni]
Zecke kleszcz [klɛʃtʃ]
Zehe paluch [palux]
Zeichen znak [znak]
zeichnen rysować/narysować [risɔvatɕ/narisɔvatɕ]
zeigen pokazywać/pokazać [pɔkazivatɕ/pɔkazatɕ]
Zeit czas [tʃas]
Zeitschrift czasopismo [tʃasɔpismɔ]
Zeitung gazeta [gazeta]
Zelt namiot [namjɔt]
zelten mieszkać w namiocie [mjɛʃkatɕ v namjɔtɕɛ]
Zeltschnur sznur od namiotu [ʃnur ɔt namjɔtu]

Zeltstange podpora namiotu [pɔtpɔra namjɔtu]
Zentralheizung ogrzewanie centralne [ɔgʒɛvaɲɛ tsɛntralnɛ]
Zentrum centrum *(nt)* [tsɛntrum]
Zeuge, **Zeugin** świadek [ɕfjadɛk]
ziehen ciągnąć [tɕɔŋgnɔɲtɕ]; *(Zahn)* wyrywać/wyrwać [virivatɕ/virvatɕ]
Ziel cel [tsɛl]
ziemlich dość [dɔɕtɕ]
Zigarette papieros [papjɛrɔs]
Zigarillo cygaretka [tsigarɛtka]
Zigarre cygaro [tsigarɔ]
Zimmer pokój [pɔkuj]
Zimmermädchen pokojówka [pɔkɔjufka]
Zoll cło [tswɔ]
Zollerklärung deklaracja celna [dɛklaratsja tsɛlna]
zollfrei bez cła [bɛs tswa]
Zollgebühren opłata celna [ɔpwata tsɛlna]
zollpflichtig podlegający ocleniu [pɔdlɛgajɔɲtsi ɔtslɛɲu]
Zoo ogród zoologiczny [ɔgrut zɔɔlɔjitʃni]; zoo [zɔɔ]
zu *(Richtung)* do [dɔ]
Zucker cukier [tsucɛr]
zuerst najpierw [najpjɛrf]
zufällig przypadkowo [pʃipatkɔvɔ]
zufrieden zadowolony [zadɔvɔlɔni]
Zug pociąg [pɔtɕɔŋk]
zuhören; **jemandem ~** słuchać (kogoś) [swuxatɕ (kɔgɔɕ)]
zulässig dopuszczalny [dɔpuʃtʃalni]
Zündkerze świeca zapłonowa [ɕfjɛtsa zapwɔnɔva]
Zündschlüssel kluczyk zapłonowy [klutʃik zapwɔnɔvi]

Zündung zapłon [zapwɔn]
zurück z powrotem [s‿pɔvrɔtɛm]
zurückfahren wracać/wrócić [vratsatɕ/vrutɕitɕ]; jechać z powrotem [jɛxatɕ s‿pɔvrɔtɛm]
zurückgeben oddawać/oddać [ɔddavatɕ/ɔddatɕ]
zusammen razem [razɛm]
zusätzlich dodatkowy [dɔdatkɔvi]
zuständig kompetentny [kɔmpɛtɛntnɨ]; właściwy [vwaɕtɕivɨ]

zweite(r, -s) druga; drugi; drugie [druga, druji, drujɛ]
zweitens po drugie [pɔ drujɛ]
Zwiebel cebula [tsɛbula]
zwischen między [mjɛndʑi]
Zwischenlandung międzylądowanie [mjɛndʑilɔndɔvaɲɛ]
Zyste cysta [tsɨsta]

BILDQUELLEN

Umschlagfoto: Thinkst shutterstock/Joymsk140
9: shutterstock/Pablo77; **10:** shutterstock/Syda Productions;
23: shutterstock/S-F; **28:** istock/MACIEJ NOSKOWSKI; **55:** shutterstock/gkrphoto; **56:** shutterstock/Brent Hofacker; **77:** shutterstock/oneinchpunch; **78:** © Studio Barcelona/Fotolia.com; **101:** shutterstock/inxti; **102:** © pab_map/Fotolia.com; **115:** © Gina Sanders/Fotolia.com

Zeigebilder (v.l.n.r.):

54: ArTo/Fotolia.com, Ciaobucarest/Fotolia.com, thinkstock (Michael Palis), thinkstock (iStockphoto), thinkstock (Hemera), cottonfioc/Fotolia.com, goodluz/Fotolia.com, Alen Ajan/Fotolia.com, Artur Bogacki/Fotolia.com, womue/Fotolia.com, Leonid Tit/Fotolia.com, DragonImages/Fotolia.com.

73: roobcio/Fotolia.com; Andrey Starostin/Fotolia.com; Rémy MASSEGLIA/Fotolia.com; Dreamstime/Wksp; Andrei Nekrassov/Fotolia.com; dulsita/Fotolia.com; Dani Vincek/Fotolia.com; HelleM/Fotolia.com; BSANI/Fotolia.com; felinda/Fotolia.com; iStockphoto LP/malerapaso; pedrolieb/Fotolia.com; o.meerson/Fotolia.com; ExQuisine/Fotolia.com; valeriy555/Fotolia.com; Dalmatin.o/Fotolia.com; Picture Partners/Fotolia.com; SGV/Fotolia.com; Dreamstime/Wksp; lunamarina/Fotolia.com

74: yamix/Fotolia.com; Sergejs Rahunoks/Fotolia.com; Andreas F.; Sergii Moscaliuk/Fotolia.com; Corinna Gissemann/Fotolia.com; Vikto/Fotolia.com; Picture Partners/Fotolia.com; IrisArt/Fotolia.com; BeTa-Artworks/Fotolia.com; Marius Graf/Fotolia.com; © Boris Ryzhkov/Fotolia.com; Viktor/Fotolia.com; Piovanello/Fotolia.com; Shutterstock Inc./Aleksandr Sulga; gtranquillity/Fotolia.com; Dreamstime/Travelling-light

75: valeriy555/Fotolia.com; Anna Kucherova/Fotolia.com; Irochka/Fotolia.com; iStockphoto LP./Libby Chapman; 5-9: valeriy555/Fotolia.com; Marc Dietrich/Fotolia.com; salade/Fotolia.com; Malyshchyts Viktar/Fotolia.com; iStockphoto LP./coloroftime; 16-18: valeriy555/Fotolia.com; 17; 18: margo555/Fotolia.com; iStockphoto LP./Sandra Caldwell; valeriy555/Fotolia.com

76: by-studio/Fotolia.com; valeriy555/Fotolia.com; Anna Kucherova/Fotolia.com; Tomboy2290/Fotolia.com; Irochka/Fotolia.com; iStockphoto LP./Libby Chapman; 7-10: valeriy555/Fotolia.com; Marc Dietrich/Fotolia.com; salade/Fotolia.com; iStockphoto LP./coloroftime; 14,15: valeriy555/Fotolia.com; Creativ Collection; 17; 18: margo555/Fotolia.com; iStockphoto LP./ Sandra Caldwell; valeriy555/Fotolia.com;

100: thinkstock (iStockphoto), Bauer Alex/Fotolia.com, Andres Rodriguez/Fotolia.com, Kzenon/Fotolia.com, Alex Tihonov/Fotolia.com, paul prescott/Fotolia.com, Africa Studio/Fotolia.com, mangostock/Fotolia.com, gemenacom/Fotolia.com, chamillew/Fotolia.com, lightpoet/Fotolia.com, thinkstock (Digital Vision/ RL Productions)

140: koszivu/Fotolia.com, Photographee.eu/Fotolia.com, Photographee.eu/Fotolia.com, Gerhard Seybert/Fotolia.com, playstuff/Fotolia.com, davis/Fotolia.com, Arcady/Fotolia.com, Silvano Rebai/Fotolia.com, Birgit Reitz-Hofmann/Fotolia.com, Claudio Divizia/Fotolia.com, Fiedels/Fotolia.com, Kalle Kolodziej/Fotolia.com

Mit Power fit in Polnisch – bis Niveau A2

Für Anfänger (A1) und Wiedereinsteiger (A2).

ISBN: 978-3-12-561958-6
[D] 26,99 € **[A]** 27,80 €

> **Ihr Ziel:** Polnisch sprechen, verstehen und schreiben können – in vier Wochen!

> **Unsere Methode:** Sie lernen in kleinen Portionen, werden in abwechslungsreichen Übungen aktiv gefordert und prüfen Ihr Wissen nach jeder Woche mit einem Online-Test.

> **Ihr Vorteil:** Alles, was Sie zum Polnischlernen brauchen, finden Sie in diesem Kurs: Kompakte Erklärungen, zahlreiche Übungen und authentische Hörtexte in zwei Sprechgeschwindigkeiten führen Sie schnell zum Ziel.

> **EXTRA:** Mit 2 Audio+MP3-CDs und Online-Tests.

www.pons.de